KB197136

올드스테어즈

INDEX

CHAPTER 1

신비한 생명체들

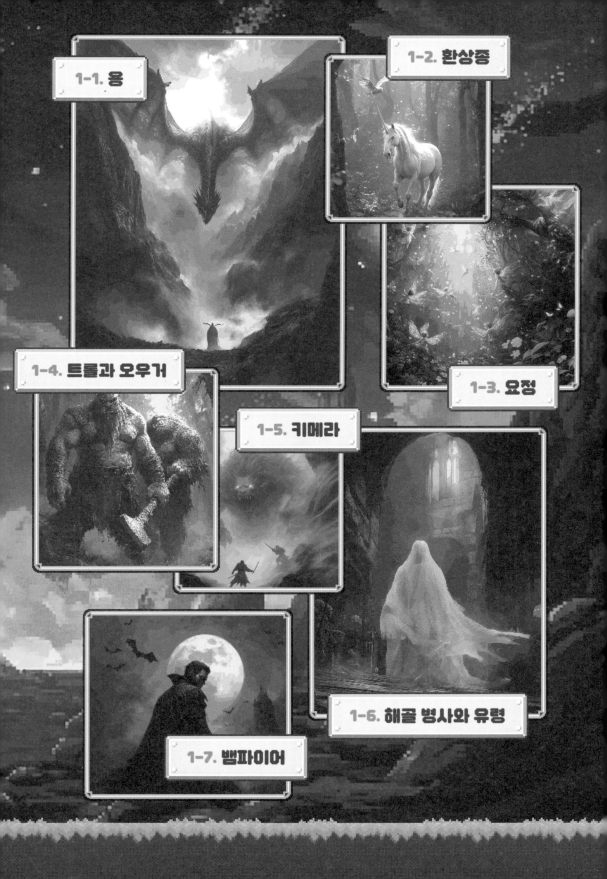

1-1. 용

1-2. 환상종

1-3. 요정

1-4. 트롤과 오우거

1-5. 키메라

1-6. 해골 병사와 유령

1-7. 뱀파이어

드래곤
> Dragons

깊은 산속의 동굴 앞, 하늘은 어둠에
잠겨 있었다. 그때, 구름 사이로 거대한
그림자가 나타났다. 그림자는 두 개의
커다란 날개를 퍼덕이며 순식간에
땅으로 내려왔다. 그것의 정체는
다름아닌 용이었다. 거대한 몸집과
날카로운 발톱, 빛나는 비늘을 가진
이 신비로운 생명체는 사람들의 전설
속에서 늘 중요한 존재로 그려진다.

▷ 거대하고 강인한 생명체

거대하고 강인한 육체에 마법적인 힘이 깃든 생명체. 용은 아주 오래전부터 많은 이야기 속에 등장해 왔다. 도시와 마을을 파멸로 몰아넣는 전설 속 공포의 존재가 바로 드래곤, 즉 용이었다. 하지만 사람들 앞에 나타나는 법이 드물어서, 용에 대해 자세히 알고 있는 사람은 그리 많지 않았다.

널리 알려진 사실 하나는 용이 금화와 보석을 좋아한다는 것이다. 용은 깊은 골짜기 안의 동굴에 거처를 꾸며 두고, 산더미같이 쌓인 보물들 위에서 게으른 듯 잠을 잔다. 하지만 이들이 단순한 보물 수집가는 아니었다. 잘 알려지진 않았지만, 용은 자연의 수호자이자 고대의 지혜를 지닌 존재로, 자신들만의 언어와 문화를 가지고 있다.

 이어서

▼ 번개와 바람 속성의 블루 드래곤.

▲ 불 속성의 레드 드래곤.

▲ 땅과 바위 속성의 블랙 드래곤.

▼ 얼음과 물 속성의 화이트 드래곤.

▶ 용의 종류

◀ 용의 종류.
어떤 사람들은 용을 색깔과 속성에 따라 나눌 수 있다고 믿는다. 그러나 이 분류가 늘 정확하지는 않다.

이들의 비늘은 단단하고 빛나며, 칼이나 화살 같은 무기로는 쉽게 다치지 않는다. 또한, 용은 커다란 날개를 가지고 있어서 하늘을 자유롭게 날 수 있다. 커다란 몸집은 그 자체로도 무기나 다름없어서, 어지간한 전사가 아니면 용과 제대로 맞서지도 못한다.

◀ 용들의 왕국.
용은 주로 높은 산이나 깊은 동굴에서 혼자 지낸다고 알려져 있지만, 어떤 이야기에서는 용들이 모여서 사는 왕국이 등장하기도 한다.

▷ 마법 능력

용은 다양한 마법적 능력을 지니고 있다. 마법을 사용해서 물건을 움직이거나, 텔레파시로 사람들과 대화하기도 한다. 인간으로 변신하는 능력도 가지고 있어서, 사람들 속에 숨어 살기도 한다. 용이 사용하는 마법은 대체로 인간의 마법보다 위력이 높다.

 이어서

▲ 용 앞에 선 마법사.
마법으로 용에 맞서는 데는
엄청난 용기가 필요하다.

▼ 운석 소환 마법.
어떤 사람들은 인간의 마법도 사실은 용이 만들어 전해 준 것이라 말하기도 한다.

▼ 용의 힘줄을 사용한 활로 사나운 용을 사냥하는 용사.

　　이렇듯 강력한 용과 맞설 수 있
는 수단은 바로 용의 부산물로
만든 장비이다. 용의 뼈로 만든
칼과 창, 용의 힘줄을 사용한 활,
용의 심장을 사용한 마법 지팡이
등은 원래도 강력하지만, 용을
사냥할 때 더욱 뛰어난 효과를
보여 준다. 용의 피는 마시는 자
에게 강인한 생명력을 부여해 주
며, 용의 비늘로 만든 방어구는
용의 숨결조차 막아 낸다.

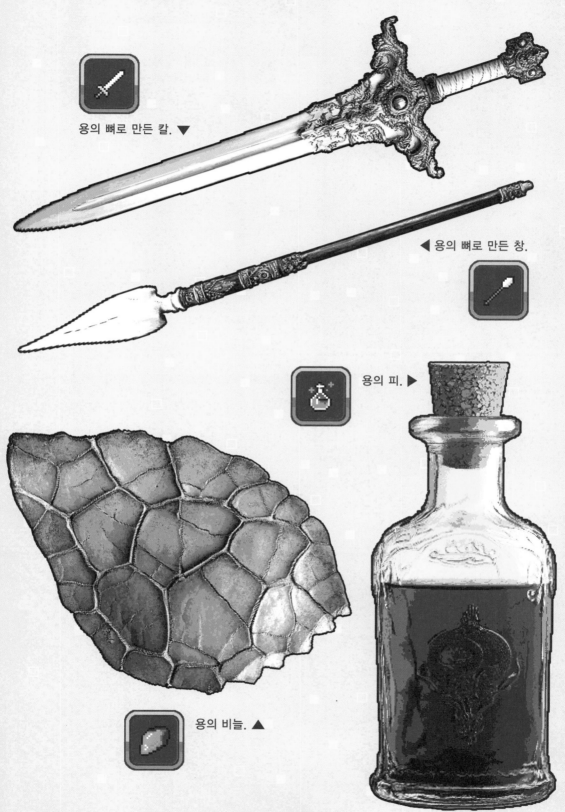

용의 뼈로 만든 칼. ▼

◀ 용의 뼈로 만든 창.

용의 피. ▶

용의 비늘. ▲

11

▲ 용과 싸우는 모험가들.

▼ 블루 드래곤의 드래곤 브레스.
때때로 용은 마법 그 자체를 숨결에
섞어 사용하기도 한다. 용의 숨결,
혹은 브레스라 부르는 이것은 용이
사용할 수 있는 공격 수단 중에서
가장 강력하다.

▷ 용과 인간

　용과 인간의 관계는 이야기마다 다르게 그려진다. 어떤 이야기에서는 용과 인간이 서로 싸우는 적으로 등장한다. 용은 마을을 공격하거나 보물을 지키는 무서운 상대로 그려지며, 영웅들은 마을을 구하거나 보물을 되찾기 위해 용과 싸운다. 그러나 다른 이야기에서는 용과 인간이 친구가 되기도 한다. 서로 협력해서 악의 세력에 맞서 싸우거나, 함께 모험을 떠나는 이야기도 많다.

이어서

서양에서는 용이 탐욕과 파괴의 상징으로 자주 등장한다. 용이 지키고 있는 보물은 사람들이 갖고 싶어 하는 것이기 때문에, 영웅들이 그 보물을 찾아 모험을 떠난다. 용과의 전투는 이야기의 클라이맥스가 되기도 하고, 주인공이 자신을 증명하는 중요한 순간이 되기도 한다.

▲ 금화 위에 앉은 용.
그러나 용 그 자체도 인간에게는 보물과 다름없다. 용의 피는 불로불사의 묘약이 되며 심장은 끝이 없는 마력을 담고 있다.

어린 화이트 드래곤. ▶
용은 나이를 먹을수록 강해진다. 갓 태어난 용은 고작 인간 기사와도 호각을 다툴 정도지만, 수천 살을 먹은 용은 신과도 맞설 수 있을 만큼 강하다고 한다.

환상종

▶Mythical Creatures

달빛이 은은하게 비치는 숲속, 나무 사이로 신비로운 존재가 모습을 드러냈다. 머리에는 길고 곧은 뿔이 달려 있고, 은은한 빛이 도는 피부는 보는 이에게 신성함을 안겨 줬다. 그 존재는 마치 공기처럼 가벼운 걸음으로 숲을 거닐며, 뒤따르는 자에게는 알 수 없는 힘과 지혜를 주는 듯했다. 바로 위 하늘에는 사자의 몸에 독수리의 머리와 날개를 단 생명체가 용맹함을 과시하고 있었다. 사람들은 숨을 죽인 채 그 광경을 지켜보았다.

▲ 온몸이 흰 새, 칼라드리우스. 시선이 닿는 자를 치료하는 힘이 있다.

▷ 환상종의 특징

환상종은 판타지 세계에서 가장
신비롭고 매력적인 생명체다. 평범
하게 살아가는 사람은 평생
단 한 번도 보기 힘든 존
재이지만, 이 존재를 보
는 순간 누구라도 그
것이 환상종이라는
것을 알아챌 것이다.
환상종에는, 그것을
환상종으로 만드는
중요한 특징이 있기
때문이다. ☞이어서

님프와 함께 있는 페가수스. ▼
페가수스가 발굽을 구른
곳에서는 샘이 솟아오른다.

15

첫째, 환상종은 모습이 다른 동물에 비해 특이하거나, 독특한 마법의 능력을 갖고 있다. 페가수스는 등허리에 날개가 나 있어 하늘을 자유롭게 거닐며, 부정한 마법을 물리치는 능력을 지니고 있다. 그리고 온몸이 타오르는 불사조는 죽음을 맞을 때마다 불꽃 속에서 다시 태어난다.

불 속에서 다시 태어나는 불사조. ▶
환상종 중에서도 가장 목격하기 어렵다.

▲ 유니콘의 뿔과 뿔 가루.
유니콘의 뿔에는 모든 독을 해독하고
상처를 치유하는 힘이 있다.

둘째, 환상종은 종종 순수함, 지혜, 용기, 또는 자연의 힘처럼 긍정적인 미덕을 상징하며, 주인공이 성장하는 데 중요한 교훈을 제공한다. 예를 들어 머리에 뿔이 돋은 말 유니콘은 순수함을 상징한다. 이 환상종은 용맹한 기사와도 겨룰 만큼 강인하지만 때 묻지 않는 소녀에게는 고개를 숙이며, 그 뿔에는 신성한 치유의 힘이 깃들어 있다.

그리고 세 번째이면서 가장 중요한 특징은 <u>희소해야 한다는 것</u>이다. 보통의 사람들은 평생 한 번도 볼 수 없는 신비로운 존재, 그것이 바로 환상종이다. 하지만 영웅의 모험담에는 '반드시'라고 할 정도로 환상종과의 만남이 필수적이다.

◀ 일각고래.
이 신기한 동물은 환상종에 포함되지 않는다.
북쪽의 바다에서 너무 자주 목격되기 때문이다.

켈피. ▼
머리는 말, 꼬리는
물고기처럼 생겼다.

▷ 모험담 속 모습

모험담 속에서 환상종은 다양한 역할로 등장한다. 때로는 큰 시련이 되어 주인공의 앞을 막아서고, 때로는 모험의 목표 중 하나로 등장하기도 한다. 어느 경우건 이들은 주인공에게 새로운 능력과 모험을 위한 조언을 건네준다.

환상종은 때로 주인공과 함께 모험을 하기도 한다. 그럴 때 환상종의 능력은 위기를 극복하는 중요한 단서가 된다.

△ 그리핀 문장이 새겨진 방패를 들고 돌격하는 기사.
그리핀은 용맹함의 상징이다. 날카로운 발톱과 부리를 가진 이 생명체는
전투의 선봉에 서거나, 소중한 보물을 지키는 존재로 여겨졌다.

▷ 마법이 깃든 부산물

환상종의 부산물에는 보기 드문 마법적 힘이 깃든 경우가 많다. 예를 들어 유니콘의 뿔에는 강력한 치유와 정화의 힘이 깃들어 있다. 페가수스의 깃털에는 어디에 있든 출발한 곳으로 돌아오게 해 주는 마법이 걸려 있으며, 그리핀의 깃털은 장비하는 것만으로 사악한 저주를 이겨 낼 수 있다. 불사조의 피와 깃털은 죽은 자마저 되살리고, 때로는 시간마저 거슬러 올라갈 수 있는 힘을 준다고 전해진다.

◀ 유니콘의 뿔로 만든 검.
치유와 정화의 힘을 지니고 있다.

▶ 그 외의 환상종들

▼ 카벙클의 보석.
카벙클은 다양한 모습으로
나타나지만 언제나 이마에 붉은
보석을 달고 있다.

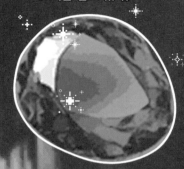

▲그 외의 환상종들.
신비한 외모나 마법적인 힘을 가지면서도
인간의 형태와 닮지 않은 것은 대체로 환상종이다.

◀ 뷔브르.
박쥐의 날개가 달린 거대한
뱀. 때로 아름다운 여성의
모습으로도 나타난다.

펜리르. ▶
고대의 신을 물어
죽였다는 거대한 늑대.

19

1-3 요정
▶ Fairies

어두운 숲속, 은은한 빛을 내는
작은 생명체들이 나뭇가지 사이로
날아다녔다. 그들은 페어리, 신비로운
작은 요정들이었다. 이들의 날개는 얇고
투명하여 반짝이는 빛을 내고, 이들의
웃음소리는 종소리처럼 맑게 퍼졌다.
요정들은 숲의 모든 생명체와 조화를
이루며 살아가고 있었다. 사람들은
이 작은 존재들이 숲에 마법과 생기를
불어넣는다고 믿었다.

▲ 요정은 숲에 들어온 인간에게
도움을 주기도 하지만 때로는
인간을 골탕 먹이기도 한다.

요정은 작은 크기의 사람과 비슷한
모습으로 그려진다. 투명한 날개와 반
짝이는 눈을 가졌고, 날아갈 때는 뒤
편으로 작고 반짝이는 가루를 휘날린
다. 매우 빠르고 민첩하며, 마법의 힘
을 사용해 다양한 능력을 발휘한다.
보통 숲, 연못, 꽃밭 등 자연 속에서 살
아가며, 인간의 눈에 잘 띄지 않는다.

▷ 숲의 악동들

이들은 종종 장난기가 많고, 변덕스럽다. 인간이나 다른 생명체를 놀라게 하고, 혼란스럽게 만드는 것을 즐긴다. 물건을 숨기거나 길을 잃게 만드는 등의 가벼운 속임수를 쓰기도 한다. 호기심도 많아서, 숲에 들어온 사람들을 몰래 따라다니며 지켜보기도 한다.

이어서

요정은 호기심만큼이나 겁이 많아서, 인간의 앞에 스스로 나타나는 일이 드물다. 철을 특히 싫어해서, 철로 만든 무기나 갑옷을 장비한 이들을 본능적으로 경계한다.

▼ 숲에 들어온 사람을 따라다니며 몰래 지켜보고 있는 요정들.

◀ 요정의 고리.
밤새 이곳에서 무슨 일이 일어났을까?

▷ 요정의 숲

요정이 사는 숲은 다른 숲에 비해 활기가 넘친다. 나무들이 마치 의식을 가진 것처럼 움직이거나, 꽃들이 계절에 상관없이 아름답게 피어난다. 특정한 장소에서는 시간이나 공간이 왜곡되는 현상이 발생하기도 한다. 숲 안 어딘가에는 이들이 사는 작은 마을이나 은신처가 있지만 인간의 눈으로 쉽게 발견하지는 못한다. ☞이어서

만약, 작은 버섯들이 원형으로 자라난 것을 발견한다면 그 사람은 운이 좋은 것이다. 요정들이 이곳에서 밤새 춤을 추거나 마법 의식을 거행한 증거이기 때문이다.

◀ 춤을 추는 요정.

23

◀ 페어리 드래곤.
이들이 어떻게
생겨났는지는 아무도
모른다. 이들의 크기는
요정만 하지만 요정과
달리 놀랍도록 위협적인
마법을 사용한다. 이들이
요정인지 용인지 역시
수수께끼다.

요정들은 자연과 깊은 조화를 이루고 살아가며, 그들만의 마법과 지혜를 가지고 있다. 때로는 인간과의 소통을 시도할 때가 있는데, 이는 자연의 균형을 유지하기 위함이다. 이때 요정들은 인간에게 중요한 단서를 제공하거나, 마법의 도움을 통해 위기를 극복하는 데 도움을 준다.

요정의 마법. ▼
파괴적인 면보다는 자연적인 면이 더 강하다.

▷ 요정의 마법

❶ 식물을 조종하고 동물과 대화하는 마법.
❷ 작은 동물이나 곤충으로 변신하는 마법.
❸ 눈에 보이지 않게 숨는 마법.
❹ 치유 마법. (단, 그렇게 강하지는 않다.)
❺ 환상을 만들어 내는 마법. (Ex. 숲에 들어선 사람들을 헤매게 한다.)
❻ 공간과 공간의 틈새에 숨는 마법.

▼ 요정의 가루.
요정의 가루에는 사람을 날 수 있게 하는
능력이 있다. 미약한 치유 효과도 보인다.

트롤과 오우거

▶ **Trolls and Ogres**

어두운 밤, 숲속 깊은 곳에 큰 나무들이
무성하게 자라나 있었다. 그 뒤로 사람의
발길이 닿지 않는 깊은 골짜기가 보였고,
골짜기 가장자리에 거대한 그림자가
어른거렸다. 이윽고, 거대한 몸집에
무시무시한 얼굴을 가진 트롤이 나무
뒤에서 모습을 드러냈다. 옆에는 키가
크고 강한 오우거도 서 있었다. 누구라도
두려움을 느낄 만한 광경이었다.

▷ 트롤의 특성

트롤과 오우거는 판타지에 자주 등장하는 거대한 생명체들이다.

트롤은 주로 산이나 동굴, 어두운 숲속에 서식하며, 무서운 외모와 강한 힘을 가진 존재로 그려진다. 그들은 대개 사람을 공격하거나 마을을 습격하는 악당으로 등장하며, 영웅이 맞서 싸워야 하는 적으로 자주 묘사된다.

트롤은 주로 밤에 활동하며, 햇빛을 받으면 돌로 변하는 약점을 가지고 있는 경우가 많다. 그들은 무시무시한 외모와 강한 힘, 놀라운 재생 능력으로 인해 사람들에게 공포의 대상이 된다.

☞이어서

▲ 트롤이 서식하는 동굴.

거대한 몸집의 트롤. ▶
트롤은 돌처럼 단단한 피부를 가지고 있어, 평범한 무기로는 쉽게 상처를 입히기 어렵다. 어쩌다 상처를 입어도, 잠깐 사이에 아물어 버린다.

▷오우거의 특성

오우거는 트롤과 비슷하지만 약간 다른 특성을 가지고 있다. 오우거는 대개 거대한 덩치와 강한 근육질의 몸을 가진 존재로 묘사된다. 그들은 트롤보다 머리가 나쁘지만, 그만큼 더 사납고 무자비하다. 오우거는 주로 황무지나 어두운 숲속에 서식하며, 먹이를 찾아 인간 정착지를 습격하기도 한다.

오우거는 큰 키와 넓은 어깨, 두꺼운 피부를 가지고 있으며, 그들의 눈은 붉은빛으로 반짝인다. 그들은 강한 힘과 사나운 성격으로 인해 사람들에게 큰 위협이 된다. 종종 커다란 곤봉이나 나무를 무기로 사용하는데, 큰 몸집에서 나오는 강력한 공격력은 방패로 막는 것조차 쉽지 않다. 이어서

 나무 곤봉을 휘두르는 오우거. ▶
오우거가 가장 즐겨 쓰는 무기는 나무 곤봉이다. 트롤은 돌로 만든 무기를 쓰는 경우가 많다.

트롤과 오우거처럼 인간의 위협이 되면서도 환상종보다는 흔하게 볼 수 있는 생명체들을 몬스터, 즉 괴물이라 부른다.

◀ 오우거와 싸우는 모험가들.
갓 초보를 벗어난 모험가들에게
오우거는 악몽과도 같다.

▷ 이야기 속 트롤과 오우거

트롤과 오우거는 판타지 이야기에서 다양한 역할을 맡는다. 트롤은 주로 다리를 지키거나 동굴 속 보물을 지키는 역할로 등장하며, 영웅들이 그들과 맞서 싸우는 이야기가 많다. 오우거는 주로 마을을 공격하거나 숲속에서 길을 잃은 여행자들을 위협하는 악당으로 등장한다.

하지만 어느 경우이건, 모험가가 모험을 시작하자마자 오우거와 트롤을 맞닥뜨리는 일은 드물다. 판타지 세계의 모험에서, 이들은 갓 초보 상태를 벗어난 모험가의 첫 시련 역할을 주로 맡는다. 이들과 싸우며 모험가는 용기를 시험 받고, 성장을 이루어 낸다.

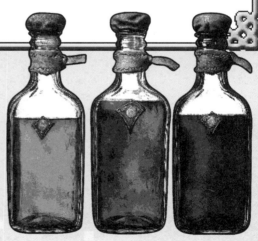

트롤의 피로 만든 포션. ▶
트롤의 피는 치명적인 상처를 치유하거나,
강력한 마법 포션을 만드는 데 사용할 수
있다. 하지만 트롤의 피는 그 자체로도
독성이 있어 위험할 수 있으며, 이를
다루는 데는 특별한 지식이 필요하다.

29

키메라
▶ Chimeras

어두운 산속 깊은 곳, 나무들이 빽빽이
들어선 숲의 경계에 끔찍한 소리가 울려
퍼졌다. 여러 동물의 특징을 가진 거대한
생명체가 내는 소리였다. 이 생명체는
사자의 머리, 염소의 몸통, 그리고 뱀의
꼬리를 가지고 있었다. 이 생명체는 바로
키메라, 두려움과 신비로움을 동시에
불러일으키는 존재였다.

▷ 신비한 고대 괴물

키메라는 고대 전설과 판타지 이야기 속에서 자주 등장하는 생명체다. 이들은 여러 동물의 신체 부위가 섞인 형태를 하고 있어, 각각의 특성을 동시에 지니고 있다. 키메라는 대개 강력하고 무서운 존재로 묘사되며, 종종 영웅들이 물리쳐야 할 적으로 등장한다.

▲ 가장 널리 알려진 키메라의 모습.

◀ 키메라의 습격.
마법사가 정한 조합에 따라,
키메라의 모습은 매번 달라진다.

▷ 생김새

키메라는 보통 사자의 머리, 염소의 몸통, 그리고 뱀의 꼬리를 가지고 있으며, 각 부분은 그 동물의 특성을 반영한다. 사자의 머리는 강력한 턱과 날카로운 이빨을 지니고 있어 사냥과 전투에 매우 유리하다. 염소의 몸통은 단단하고 강한 근육을 가지고 있으며, 지형에 구애받지 않고 자유롭게 움직일 수 있게 한다. 뱀의 꼬리는 유연하고 날카로운 독니를 가지고 있어 적에게 치명적인 공격을 가할 수 있다. 하지만 이와 전혀 다른 모습의 키메라가 목격되는 경우도 많다.

◀ 박쥐의 날개와 용의 비늘,
도마뱀의 꼬리를 가진 키메라.

▷ 영역의 수호자

키메라는 일반적으로 어두운 산
속이나 깊은 동굴에 자리를 잡고,
사람들을 두려움에 떨게 한다. 그
들은 자신의 영역을 침범하는 자
들에게 무자비하게 공격을 가하
며, 자신을 보호하기 위해 강력한
힘을 발휘한다. 키메라는 종종 보
물을 지키거나, 마법적인 장소를
보호하는 역할을 맡기도 한다.

▲ 던전을 지키는 키메라.

▷ 강력한 적

키메라는 매우 공격적이고 사나운 성격을 가지고 있다. 또한 마법적 능력으로 인해 예측하기 어려운 상대이기도 하다. 이를 물리치기 위해서는 지혜와 용기, 심지어는 도박도 필요하다. 어떤 영웅은 키메라를 물리치기 위해 납으로 만든 창을 입안으로 찔러 넣었다. 창날은 키메라의 불꽃에 녹아 버렸지만, 녹아 버린 납을 삼킨 키메라는 결국 쓰러지고 말았다.

▲ 키메라를 물리치고 얻은 보물 상자.

판타지 이야기에서 키메라는 다양한 역할을 맡는다. 어떤 이야기에서는 키메라가 마을을 위협하는 괴물로 등장하며, 영웅들이 그들을 물리치기 위해 모험을 떠난다. 또 어떤 이야기에서는 키메라가 보물을 지키는 수호자로 등장해, 보물을 찾으려는 모험가들의 시련이 된다.

◀ 키메라와 맞서 싸우는 모험가들.

▼ 키메라는 대체로 사악한 마법사의 실험으로 태어난다.

해골 병사와 유령

▶Skeletons and Ghosts

어두운 밤, 오래된 성의 오래된 회랑에서
차가운 바람이 불어왔다. 벽에는 희미한
촛불이 깜빡이며 주변을 간신히 밝히고
있었고, 그 빛 아래로 희미한 형체가
떠다니고 있었다. 이 형체는 유령,
이 세상과 저세상을 잇는 신비로운
존재였다. 옆에는 삐걱거리는 소리를
내며 움직이는 해골 병사, 스켈레톤이
있었다. 이들은 공포와 신비를 동시에
불러일으키는 존재들이었다.

▲ 유령에게는 성직자의 기도와 신성 마법이 가장 효과적이다.

유령, 즉 고스트는 많은 판타지와 전설 속에서 등장하는 신비롭고 두려운 존재다. 죽은 자의 영혼이 이 세상에 남아 있는 것으로, 그 형태가 무척 다양하다.

▷ 유령의 다양한 형태

어떤 것은 사람과 거의 흡사하게 생겼고, 어떤 것은 뒤집어쓴 보자기 속에서 눈동자만 반짝인다. 또 어떤 것은 마치 불덩어리처럼 생겼다. 하지만 어떤 형태든, 유령의 모습은 대체로 투명하다. 공중에 떠다니거나 벽을 통과할 수 있는 능력을 가지고 있으며, 마주하는 사람을 공포에 빠뜨린다. 제한적이지만 물리적인 힘을 행사하기도 한다. 이들은 종종 생전에 못다 한 일을 완수하거나, 복수를 하기 위해 이 세상에 남아 있다고 전해진다.

▷ 유령을 만나면

성직자의 도움 없이, 일반적인 무기로 유령을 물리치는 건 쉽지 않다. 이들은 축복을 받은 은제 무기가 아니면 제대로 상처를 입힐 수 없기 때문이다. 하지만 쉽게 상처를 입히지 못하는 것은 유령도 마찬가지라서, 마음이 굳은 사람이라면 유령의 공포도 거뜬히 이겨 낼 수 있다고도 한다.

유령은 주로 밤에 나타나며, 오래된 성이나 폐허가 된 집, 또는 묘지와 같은 장소에서 자주 목격된다. 개중에는 사악하지 않은 유령도 있어서, 이들은 사람들에게 경고하거나 자신의 이야기를 들려주기도 한다.

유령의 외모는 대개 희미하고 투명하며, 때로는 차가운 기운을 내뿜는다. 이들의 눈은 공허하게 빛나며, 목소리는 속삭이는 듯 음산하게 울린다. ▼

유령은 살아 있을 때의 원한을 갚기 위해 나타난다. ▼

38

▼ 유령과 대화를 나누는 사람.
사악하지 않은 유령은 간혹 사람들을 찾아와 밤새
자신의 이야기를 들려주고 홀연히 돌아간다.

▷ 죽은 자의 뼈

한편 스켈레톤은 죽은 자의 뼈가 마법의 힘으로 다시 움직이는 존재다. 주로 해골 병사나 해골 기사, 해골 마법사 등의 형태로 등장하며, 주인이나 마법사의 명령을 받아 움직인다.

보통은 이름에 걸맞은 무장을 하고 있으며, 해골 병사라면 칼과 방패, 해골 마법사라면 지팡이를 들고 있는 경우가 많다. 무덤이나 전쟁터 혹은 던전 안에서, 갑자기 삐걱거리는 뼈의 소리가 들려온다면 주의해야 한다. 오래 지나지 않아 이들의 모습을 목격하게 될 테니까.

▲ 무덤에서 일어난 스켈레톤. 스케레톤은 보통 강력한 마법사나 사악한 존재에 의해 만들어져서, 이들의 목적을 달성하기 위해 사용된다.

◀ 본드래곤.
굉장히 드물게도, 사람이 아닌 괴물의 뼈로 만들어진 스켈레톤도 존재한다. 개중에는 용의 뼈를 모아 만들어진 본드래곤이라는 것도 있다. 본드래곤은 살아 있는 용과 달리 마법의 힘은 쓰지 못하지만, 육체적인 힘은 몇 배나 강력하다.

▷ 물리치는 법

만약 스켈레톤과 싸울 일이 있다면 날카로운 검보다는 둔기를 들고 싸우는 게 낫다. 스켈레톤은 팔다리나 머리가 잘려도 다시 붙어서 움직이기 때문이다. 이들을 베어 내려 애쓰느니, 차라리 뼈째로 부숴 버리는 게 확실한 방법일 것이다.

▲ 사악한 마법사인 리치가 스켈레톤 병사들을 지휘하고 있다.

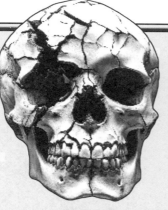

▲ 부서진 스켈레톤의 머리.

스켈레톤은 흔히 죽지 않는 군대로 묘사되며, 마력만 있다면 지치지 않고 싸울 수 있는 능력을 가지고 있다. 고통도 느끼지 않으며, 적을 물리칠 때까지 안식에 드는 법도 없다.

▼ 바닥에 흩어져 있는 해골에 주의하라. 언제 일어나 당신을 공격할지 모른다!

뱀파이어
▶ Vampires

어두운 밤, 은은하게 비치는 달빛을
받으며 한 남자가 서 있었다. 그의 피부는
창백하고, 눈은 붉게 빛났다. 긴 송곳니가
살짝 드러난 입가에는 차가운 미소가
서려 있었다. 그는 뱀파이어, 어둠을
지배하는 불사의 존재였다.

◀ 절벽 위의
고성과 박쥐.
뱀파이어 하면
떠오르는
두 가지 요소다.

▷ 신비로운 불사의 존재

뱀파이어는 판타지와 전설 속에서 가장 독특한 존재 중 하나다. 판타지에 등장하는 괴물 가운데 이 정도로 인간과 가까이 살아가는 존재는 굉장히 드물다. 그 가까움이 인간을 먹이로 생각하기 때문인지, 아니면 인간을 동반자로 생각하기 때문인지는 알 수 없지만 말이다.

이들은 죽지 않는 불사의 존재로, 인간의 피를 마셔야만 생명을 유지할 수 있다. 보통은 밤에 활동하며, 낮에는 햇빛을 피하기 위해 관 속에서 잠을 잔다. 이들의 매혹적인 외모와 신비로운 능력은 수많은 이야기와 전설 속에서 뚜렷한 자취를 남기고 있다.

뱀파이어는 낡은 지하실에 놓인 관을 거처로 삼기도 한다. ▼

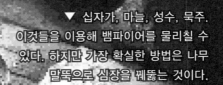

▼ 십자가, 마늘, 성수, 묵주. 이것들을 이용해 뱀파이어를 물리칠 수 있다. 하지만 가장 확실한 방법은 나무 말뚝으로 심장을 꿰뚫는 것이다.

▷ 매혹적인 외모

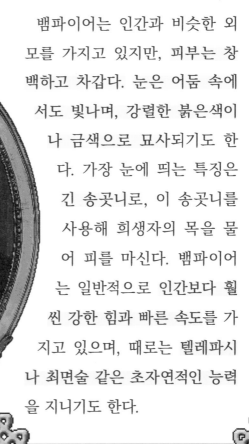

▼ 뱀파이어의 초상화.

뱀파이어는 인간과 비슷한 외모를 가지고 있지만, 피부는 창백하고 차갑다. 눈은 어둠 속에서도 빛나며, 강렬한 붉은색이나 금색으로 묘사되기도 한다. 가장 눈에 띄는 특징은 긴 송곳니로, 이 송곳니를 사용해 희생자의 목을 물어 피를 마신다. 뱀파이어는 일반적으로 인간보다 훨씬 강한 힘과 빠른 속도를 가지고 있으며, 때로는 텔레파시나 최면술 같은 초자연적인 능력을 지니기도 한다.

어른거리는 뱀파이어의 그림자. ▶
무심코 그를 불러들여서는 안 된다.

▷ 인간 사회

　뱀파이어는 오래된 성이나 어두운 숲속의 저택에 살며, 인간 사회에서 조금은 떨어진 은둔 생활을 한다. 자신들의 비밀을 지키기 위해 인간과의 접촉을 최소화하려 하지만, 인간의 피를 먹어야 하기 때문에 그것조차 쉽지는 않다. 그래서 아예 인간 사회에 섞여 살아가기도 한다. 이들은 매력적인 외모와 신비한 능력, 뛰어난 지능 덕분에 인간 사회에서도 높은 자리에 오르는 일이 자주 있다.

▼ 은 십자가.
뱀파이어는 보통 불사의 존재로 묘사되지만, 그들을 죽일 수 있는 몇 가지 방법도 전해져 내려온다. 예를 들어 은으로 만든 무기나 성스러운 물건, 햇빛 등이 뱀파이어를 약하게 만들거나 죽일 수 있다고 한다.

　뱀파이어의 기원에 대한 이야기는 다양하다. 어떤 전설에서는 악마와의 계약을 통해 뱀파이어가 되었다고 하며, 다른 이야기에서는 다른 뱀파이어에게 물려서 변신하게 되었다고 한다.

▷ 뱀파이어의 능력

1. 늑대와 안개, 박쥐로 변신할 수 있다.
2. 인간보다 힘이 세고 빠르다.
3. 평범한 무기에는 타격을 받지 않는다.
4. 인간의 피를 마시면 체력을 회복한다.
5. 주위에 있는 피를 마음대로 조종할 수 있다.
6. 시선이 마주친 이를 매료시킨다.
7. 피를 빤 인간을 노예로 만들 수 있다.
8. 늑대와 박쥐를 종처럼 부릴 수 있다.

▲ 자욱한 안개.
뱀파이어는 안개로 변신할 수 있다.

▼ 뱀파이어와 인간의 사랑.

▷ 인간과의 관계

뱀파이어와 인간의 관계는 복잡하고 종종 비극적으로 그려진다. 뱀파이어는 인간에게 공포의 대상이지만, 동시에 매혹적인 존재로 여겨지기도 한다. 많은 이야기가 뱀파이어와 인간의 사랑을 다루며, 두 세계 사이에서 갈등하는 모습을 보여 준다. 불사의 저주와 함께 영원히 살아가는 고독과 슬픔은 많은 사람들만큼이나 예술가들도 매료시켰다.

▷판타지 이야기 속 뱀파이어

판타지 이야기에서 뱀파이어는 다양한 역할을 한다. 어떤 이야기에서는 악당으로 등장해 영웅들과 싸우기도 하고, 다른 이야기에서는 저주를 풀기 위한 방법을 찾거나, 자신의 본능과 싸우는 비극적인 영웅으로 그려지기도 한다. 오래 살아온 만큼 인간의 마법과 무술에도 뛰어나서, 그 덕에 영웅의 스승이 되거나 든든한 조언을 던지기도 한다.

▽ 위험에 처한 아이들을 구하는 뱀파이어.

▶뱀파이어의 제약

❶ 초대 받지 않은 집에는 들어갈 수 없다.
❷ 흐르는 물을 자력으로 건너지 못한다.
❸ 햇볕을 받으면 재로 변한다.
❹ 음식의 맛을 느끼지 못하고, 오직 피를 먹어야만 살 수 있다.
❺ 거울에 모습이 비치지 않는다.
❻ 성수와 십자가, 묵주, 마늘과 겨자 등을 가까이 할 수 없다.
❼ 은으로 만든 무기에 약하다.

CHAPTER 2

마법과 마법사

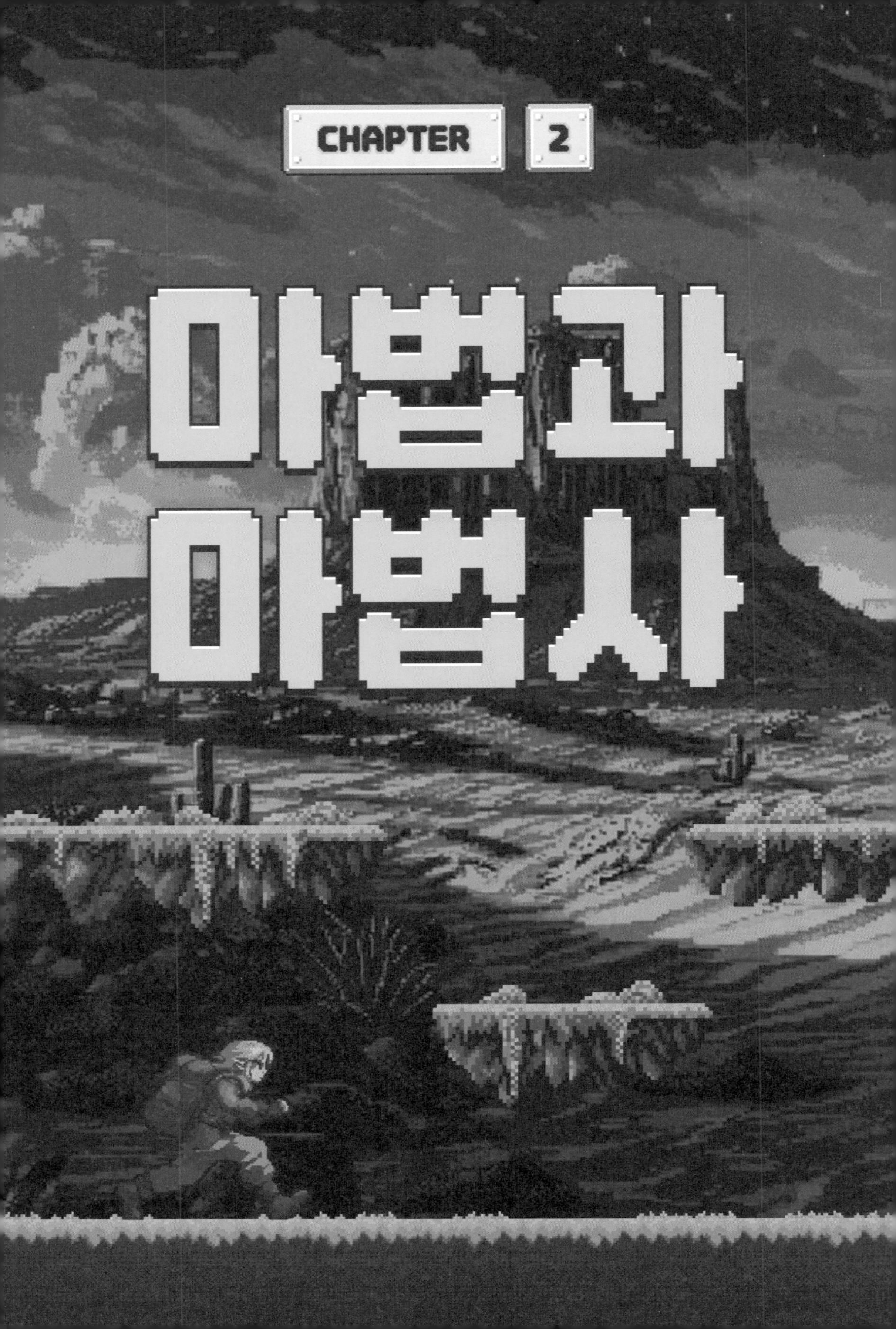

2-1. 마법의 종류와 속성

2-2. 주문과 마법 진언

2-3. 마법 도구와 유물

2-4. 마법 학교와 교육

마법의 종류와 속성
▶Types and Properties of Magic

고대의 마법 도서관, 수백 년 된 책들이
빽빽이 꽂혀 있는 그곳은 마법의 힘으로
가득 차 있었다. 한 마법사가 책상에
앉아 고대의 마법서를 읽고 있었다. 그의
손끝에서 작은 불빛이 일렁이며, 책장을
넘길 때마다 공중에는 신비로운 기운이
맴돌았다. 그는 다양한 마법의 종류와
속성을 배우고 있었다.

▲ 전장을 휩쓰는 불의 마법.

마법은 판타지 세계에서 가장 신비롭고 중요한 요소 중 하나다. 마법은 자연의 힘을 조종하고, 초자연적인 능력을 발휘하게 하는 특별한 힘이다. 마법의 종류와 속성은 매우 다양하며, 각기 다른 특성과 능력을 지니고 있다.

▷불의 마법과 물의 마법

불의 마법은 가장 강력하고 파괴적인 속성을 지닌 마법 중 하나다. 불의 마법사는 불꽃을 다루고, 화염을 일으키며, 눈앞을 가로막는 것들을 모조리 태워 버린다. 불의 마법은 공격적인 성격을 띠며, 전투에서 강력한 무기로 사용된다. 그러나 불의 마법은 통제하기 어려워, 부주의하게 다루면 큰 재앙을 초래할 수 있다.

물의 마법은 유연하고 치유적인 속성을 지닌다. 물의 마법사는 물을 만들고, 물의 흐름을 조종하며, 물의 성질을 바꾸기도 한다. 물의 마법은 상처를 치유하고, 독을 해독하며, 갈증을 해소하는 등 다양한 용도로 사용된다. 물의 마법은 평화롭고 안정적인 성격을 띠며, 자연과의 조화 속에서 그 힘을 발휘한다.

▷ 대지의 마법

대지의 마법은 강인하고 안정적인 속성을 지닌다. 대지의 마법사는 땅과 돌을 다루고, 지진을 일으키며, 강력한 방벽을 세울 수 있다. 대지의 마법은 방어적이고 보호적인 성격을 띠며, 아군을 지키고 적의 공격을 막아내는 데 효과적이다. 대지의 마법은 변하지 않는 힘과 지혜를 상징한다.

▲ 대지의 마법.
바위와 모래를 움직여 강력한 방벽을 세울 수 있다.

▷ 바람의 마법

▼ 바람 마법이 걸린 부츠를 신으면 날아갈 듯 빠르게 달려갈 수 있다.

바람의 마법은 자유롭고 변화무쌍한 속성을 지닌다. 바람의 마법사는 공기를 조종하고, 강한 바람을 일으키며, 빠르게 이동할 수 있는 능력을 가지고 있다. 바람의 마법은 이동성과 민첩성을 강화하며, 적의 공격을 회피하거나, 소리를 전달하는 데 유용하다. 바람의 마법은 항상 변화하며, 예측하기 어려운 특성이 있다.

▷ 빛의 마법

　빛의 마법은 순수하고 신성한 속성을 지닌다. 빛의 마법사는 빛을 다루고, 어둠을 물리치며, 신성한 힘을 발휘한다. 빛의 마법은 치유와 보호, 정화의 능력을 가지고 있으며, 악한 존재들을 물리치는 데 사용된다. 빛의 마법은 순수함과 정의, 신성한 힘을 상징한다.

▼ 빛의 마법.
모든 부정한 것을 제거한다.

▼ 어둠의 마법은 종종
금기시되지만, 그만큼
강력한 힘을 지니고 있다.

▷ 어둠의 마법

　어둠의 마법은 신비롭고 위험한 속성을 지닌다. 어둠의 마법사는 어둠을 조종하고, 그림자를 다루며, 적을 혼란에 빠뜨리는 능력을 가지고 있다. 어둠의 마법은 강력한 파괴력과 함께 위험한 성격을 띠며, 부정한 목적이나 숨겨진 진실을 드러내는 데 사용된다.

▲ 나비로 변신한 마법사. 변신 마법은 하나의 속성으로 정의할 수 없다.

　이것 말고도 마법의 종류와 속성은 많다. 오직 힘 그 자체만을 다루는 무속성 마법이라든가, 금속을 다루는 금속 마법, 공간을 다루는 공간 마법, 시간을 다루는 시간 마법 등도 있다. 개중에는 미래를 내다보거나, 다른 이의 기억을 읽어 내거나, 변신을 하는 능력처럼 속성이 불분명한 마법도 존재한다.

▷ 판타지 속 마법

마법은 판타지 이야기에서 다양한 역할을 한다. 마법사는 그들의 능력을 이용해 세상을 구하거나, 악과 싸우며, 중요한 임무를 수행한다. 마법은 영웅들의 모험을 돕고, 그들이 직면한 어려운 상황을 극복하는 데 중요한 역할을 한다. 때로 강력하지만 사악한 마법사가 적으로 등장하는 경우도 있다. 마법의 힘은 이야기의 중심에 서며, 그 힘을 둘러싼 갈등과 모험이 이야기를 더욱 흥미롭게 만든다.

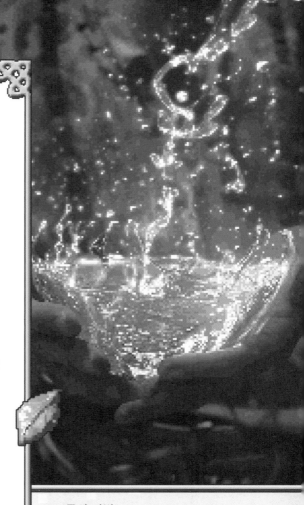

▲ 물의 마법.
소박해 보여도 실용적이다.

▼ 용사와 그의 파티들.
이 중에 마법사가 빠지는 일은 거의 없다.

주문과 마법 진언

▶Spells and Incantations

고대의 성채 안, 마법의 기운이 가득한
방에서 마법사는 고대의 마법서를
펼쳤다. 지팡이 끝에서 희미한 빛이
일렁이며, 입에서는 신비로운 말들이
흘러나왔다. "풀고르 마니페스타!"
마법사가 주문을 외치자, 거센 빛줄기가
뻗어 나와 방을 환하게 밝혔다. 주문과
마법 진언은 마법사의 가장 강력한
도구였다.

▷ 주문과 진언

　주문과 마법 진언은 판타지 세계에서 마법을 발휘하는 중요한 방법이다. 이들은 마법사가 초자연적인 힘을 끌어내고, 특정한 효과를 발휘하게 하는 말이나 문구들로 구성된다. 주문과 진언은 마법사의 능력과 지혜를 반영하며, 그들의 마법적 능력을 극대화하는 도구로 사용된다. 이어서

▲ 마법의 책.
마법을 배울 때는 마법의 책이나 주문이 새겨진 스크롤을 사용한다.

◀ 룬 문자.
마법의 문자는 우리가 보통 쓰는 문자와는 다르다.

▶주문

주문은 대개 특정한 효과를 발휘하기 위해 사용된다. 예를 들어 불을 일으키는 주문, 물을 조종하는 주문, 보호막을 만드는 주문 등이 있다. 각 주문은 고유한 언어나 문구로 이루어져 있으며, 이를 정확하게 외우고 발음하는 것이 중요하다. 대개 고대 언어나 마법사들만 이해할 수 있는 비밀 언어로 구성되어 있어서, 이것을 익히는 일조차 쉽지는 않다.

▶마법 진언

마법 진언은 주문과 비슷하지만, 보통 더 긴 구절이나 노래 형식으로 이루어진다. 진언은 마법적인 힘을 불러일으키기 위해 반복적으로 외워지며, 종종 의식이나 의례에서 사용된다. 마법 진언은 마법사의 집중력과 정신력을 강화하여 복잡하고 강력한 마법을 발휘하는 데 사용된다. ☞이어서

주문과 마법 진언은 마법의 종류에 따라 다르게 나타난다. 불의 마법사는 불을 일으키기 위해 "플라마 마니페스타"와 같은 주문을 사용할 수 있고, 물의 마법사는 물을 조종하기 위해 "아쿠아 베니 베룸" 같은 주문을 사용할 수 있다. 각 마법사는 자신이 다루는 속성에 맞는 주문과 진언을 익혀야 한다.

▷ 마법사의 역량

주문과 마법 진언은 마법사의 능력과 지혜를 반영한다. 마법사는 오랜 시간 동안 주문과 진언을 연습하고, 이를 통해 자신의 마법적 능력을 강화한다. 주문을 정확하게 외우고 발음하는 것은 매우 중요하며, 작은 실수도 큰 재앙을 초래할 수 있다. 따라서 마법사는 항상 신중하고 정확하게 주문과 진언을 사용해야 한다.

▲ 마법을 연습하는 수련생들.

판타지 이야기에서 주문과 마법 진언은 다양한 역할을 한다. 마법사는 이들을 사용해 적과 싸우거나, 문제를 해결하며, 자신을 보호하고 치유한다. 파티가 위기를 만났을 경우, 마법사의 주문이 상황을 역전시키는 계기가 되기도 한다. 때때로 모험가들은, 새로운 주문과 진언을 얻기 위해 모험을 하기도 한다.

◀ 엘프들이 만든 마법의 도서관.

마법 도구와 유물

▶ Magical Artifacts

고대의 성채 깊숙한 곳, 오래된 보물
창고에는 신비로운 물건들이 보관되어
있었다. 빛나는 마법 지팡이, 신비로운
문양이 새겨진 반지, 오래된 고대의 책들….
그곳에는 세상의 비밀을 담고 있는 마법
도구와 유물들이 가득했다. 그것은 단순한
물건이 아니라, 강력한 힘과 전설을 지닌
특별한 아이템들이었다.

마법 도구와 유물은 판타지 세계에서 매우 중요한 역할을 한다. 이것은 강력한 마법적 힘으로 마법사와 영웅들의 능력을 극대화하는 데 도움을 준다. 각 도구와 유물은 고유한 역사와 특성을 가지고 있으며, 이것들의 힘과 능력은 이야기 속에서 중요한 역할을 한다.

◀ 마법 도구들을 얻으려면 험난한 모험과 탐색이 필요하다.

▷ 마법 지팡이

마법 지팡이는 마법사들이 자주 사용하는 도구 중 하나다. 지팡이는 마법사의 힘을 집중시키고, 마법을 더 효율적으로 발휘하게 도와준다. 지팡이의 끝에는 보석이 달렸거나 신비로운 문양이 새겨져 있으며, 그 안에는 강력한 마법의 힘이 담겨 있다. 마법 지팡이는 공격 마법, 방어 마법, 치유 마법 등 다양한 용도로 사용될 수 있으며, 그에 따라 재료와 모양이 달라진다.

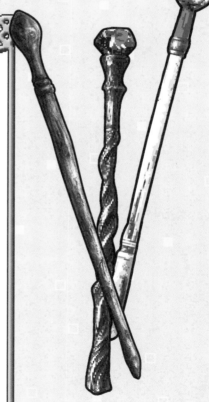

▲ 다양한 마법 지팡이. 나무, 보석, 금속, 동물이나 환상종의 뼈 등 다양한 재료를 이용해 만든다.

▲ 마법의 반지.

▼ 저주의 마법 반지.
강력한 힘을 지녔지만 동시에
착용한 이에게 저주를 내린다.

▷ 마법 반지

　　마법 반지는 작지만 강력한 힘을 지닌 도구다. 보통 특별한 문양이나 보석으로 장식되어 있으며, 착용한 이에게 특별한 능력을 부여한다. 어떤 반지는 투명해지는 능력을, 어떤 반지는 불사의 힘을, 또 어떤 반지는 마음을 읽는 능력을 부여한다. 때로는 착용한 이의 능력을 향상시키거나, 봉인을 해제하는 기능을 발휘하는 경우도 있다. 드물지만 착용한 이에게 저주를 내리는 반지도 존재한다.

▲ 마법 주문을 외우는 물의 마법사.
짧은 지팡이는 완드, 긴 지팡이는 스태프라 부른다.

▷ 고대 마법 책

    고대의 마법 책은 옛 마법사들의 지혜와 지식을 담고 있는 유물이다. 이 책들은 수백 년, 수천 년 동안 전해져 내려오며, 그 안에는 수많은 주문과 마법 진언이 기록되어 있다. 이런 마법 책은 마법사들이 새로운 마법을 배우고, 그들의 지식을 확장하는 데 사용된다. 어떤 책은 특정한 의식이나 의례를 수행하는 데 필요하며, 그 자체로 강력한 마법적 힘을 지니고 있다.

▲ 고대의 마법 책.
마법이 적힌 책이지만, 책 자체가
마법을 쓰는 경우도 있다.

▼ 하늘 위의 성. 때로는 유물이 거대한 것일 수도 있다.

▷ 마법 보물 상자

마법 보물 상자는 보물을 보관하거나, 그 안에 담긴 아이템들을 보호하는 역할을 한다. 이 상자에는 보통 강력한 보호 마법이 걸려 있으며, 특정한 주문이나 열쇠 없이는 열 수 없다. 보물 상자 안에는 희귀한 보석, 고대의 유물, 마법 도구 등이 담겨 있으며, 그 내용물은 항상 신비와 모험을 불러일으킨다.

미믹. ▲
어쩌면 보물 상자를 흉내 낸 괴물과 마주칠지도 모른다.

마법 도구와 유물은 판타지 이야기에서 중요한 역할을 한다. 영웅들은 이들을 찾아 모험을 떠나고, 그 힘을 이용해 악과 싸운다. 가끔은 사악한 마법 도구나 유물도 있어서, 영웅들이 그것을 봉인하거나 없애 버리기 위해 모험을 나서는 경우도 있다.

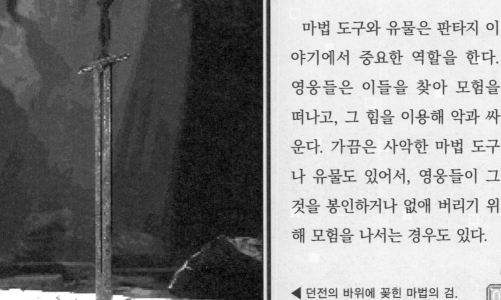

◀ 던전의 바위에 꽂힌 마법의 검.

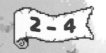

마법 학교와 교육

▶ Magic Schools

고대의 성채처럼 우뚝 솟은 마법 학교는
숲속 깊은 곳에 자리 잡고 있었다.
정면의 커다란 문이 열리며, 새로운
학생들이 마법의 세계로 들어갔다.
학생들은 호기심 어린 눈빛으로 주변을
둘러보며, 앞날을 기대하고 있었다.
이곳은 단순한 학교가 아니었다. 마법과
지혜가 흐르는 곳, 마법사와 마녀들이
자신의 능력을 키워 가는 곳이었다.

▷ 마법 학교

　마법 학교는 판타지 세계에서 마법을 배우고 연마하는 장소다. 이곳에서 학생들은 다양한 마법 원리를 익히거나 실습을 통해 능력을 키우고, 미래의 마법사나 마녀로 성장한다. 마법 학교는 일반적으로 매우 크고 웅장한 건물로, 수많은 비밀과 신비를 간직하고 있다.

마법 학교의 교실. ▶

▼ 마법 학교의 도서관.

▲ 연금술 수업.
연금술의 재료로 이용되는 각종 약초에 관해 배우고 있다.

▲ 마법 학교에서는 기숙사
생활을 하는 경우가 많다.

▼ 기숙사 내부의 모습.

▷마법 학교의 교육 과정

마법 학교의 교육 과정은 매우 다양하다. 학생들은 마법의 기초부터 고급 마법까지 단계적으로 배운다. 기초 과정에서는 주문과 마법 진언, 마법 도구 사용법 등을 배우며, 중급 과정에서는 특정한 마법 속성에 대해 깊이 있게 공부한다. 고급 과정에서는 마법의 원리와 이론을 연구하며, 강력한 마법을 실습한다. 각 과정은 학생들의 능력과 적성에 맞게 맞춤형으로 제공된다.

☞이어서

◀ 기초 과정의 마법 도구 사용 실습에서
사용하는 마법 지팡이와 장신구.

▷ 과목

마법 학교에는 다양한 과목이 있다. 예를 들어 주문학은 다양한 주문을 배우고, 그 원리를 이해하는 과목이다. 학생들은 각종 주문을 암기하고, 이를 실습하며, 주문의 힘을 극대화하는 방법을 배운다. 마법 생물학은 신비로운 마법 생물에 대해 공부하는 과목이다. 학생들은 마법 생물의 특성과 습성, 다루는 방법 등을 배우며, 실습을 통해 직접 마법 생물을 돌본다.

▲ 마법 실험.
마법의 시약을 합성하고 있다.

연금술은 마법 재료를 조합해 새로운 물질을 만드는 과목이다. 학생들은 각종 약초와 광물을 이용해 포션을 만들고, 다양한 마법 도구를 제작하는 방법을 배운다. 점성학은 별과 행성의 움직임을 연구해 미래를 예측하는 과목이다. 학생들은 천문학적 지식을 바탕으로 예언을 하고, 운명을 읽는 법을 배운다.

▲ 마법 생물학 수업은 마법 학교에서 중요한 과정 중 하나다.

▷ 행사와 실습

마법 학교는 또한 다양한 행사를 개최해 학생들의 성장을 돕는다. 예를 들어 마법 대회나 마법 생물 경연대회, 연금술 실험 발표회 등이 열리며, 학생들은 자신의 능력을 뽐내고, 서로 경쟁하며 성장한다. 또한, 학교는 유명한 마법사나 마녀를 초청해 강연을 열기도 하며, 학생들에게 영감을 준다.

▲ 동급생과의 마법 대결.
마법 학교에서는 이론적인 공부 외에도 다양한 실습과 훈련이 이루어진다. 학생들은 마법 결계 안에서 마법 대결을 펼치거나, 마법 생물을 다루는 훈련을 받는다. 또한, 고대의 마법 유물을 연구하거나, 신비로운 장소를 탐험하는 실습도 있다. 이러한 실습은 학생들이 실제 상황에서 마법을 활용하는 능력을 키우는 데 도움을 준다.

CHAPTER 3

모험과 모험가

3-2. 모험의 시작

3-1. 용사와 그의 파티

3-3. 던전과 성

3-4. 마을과 숲

용사와 그의 파티
▶Heroes and Their Party

어두운 숲속, 한 무리의 사람들이
캠프파이어 주위에 모여 있었다. 각자
다양한 배경을 갖고 있었지만, 능력만은
누구보다도 뛰어난 이들이었다. 중앙에는
강력한 검을 든 용사가 앉아 있었고,
그 주변에는 마법사, 도적, 치유사가
자리하고 있었다. 얼굴에는 결의와
의지가 가득했다. 이들은 세상을 구하기
위해 여정을 떠난 용사와 그의 파티였다.

▷ 위기가 있는 곳

용사와 그의 파티는 판타지 세계에서 중요한 역할을 한다. 이들은 평범한 자들의 힘으로는 해결할 수 없는 거대한 위협에 맞서서, 세계를 위험에서 구해 낸다.

물론, 용사가 존재하지 않는 판타지 세계도 있다. 이런 세계는 평화로운 세계일 수도 있지만, 아니면 모종의 음모에 싸여 실제 현실이 드러나 있지 않은 경우도 많다. 때로는 아주 오래전에 위기가 지나가서, 용사라는 존재가 전설로만 남아 있는 경우도 적지 않다. 그러나 어떤 판타지 세계든, 위기가 존재한다면 어딘가에는 반드시 용사가 존재한다.

▲ 계시를 받는 잔 다르크.
실제 역사 속 용사의 모습 중 하나다.

지구에 있는 용사 후보를
이세계로 소환하고 있다. ▶

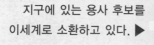

▷ 용사의 파티원

어떤 사람을 용사라고 불러야 하는지는 이야기에 따라 다르다. 신이 계시를 내려 용사를 정해 주는 경우가 있는가 하면, 평범한 사람이 전설의 무기를 쥐어 용사가 되는 경우도 있다. 때로는 특별한 의식을 거쳐 다른 세계에서 용사가 될 사람을 소환해 오기도 한다. 드물지만, 평범한 모험가로 출발한 사람이 점차 명성을 얻어 용사로 인정 받는 경우도 있다. 어떤 경로로 용사가 되었든, 용사와 함께 모험하는 사람들을 용사의 파티원이라고 부른다.

물론 용사 파티의 시작은 조촐할 수도 있다. 검사와 치유사 정도로 단둘이서 모험을 시작하는 경우도 많다. 하지만 시간이 지날수록, 용사 파티의 구성원은 점점 더 탄탄해진다. 세계의 위협을 막기 위해서는, 용사의 파티도 그에 맞춰 강해지고 커지는 것 말고는 다른 방법이 거의 없기 때문이다.

▼ 용사의 파티원이 되는 방법도 용사가 되는 방법만큼 다양하다. 하지만, 파티원의 직업은 대체로 모험의 성격에 따라 정해지는 경우가 대부분이다. 예를 들어 마왕에게 잡힌 인질을 구해야 한다면 은밀한 행동을 해야 하는 도적 계열 직업이 반드시 들어간다.

용사의 파티

▲ 용사 (Hero)

| 이름 | 에릭 (Eric) |

| 특징 | 강력한 검술과 용기를 지닌 리더. 전투에서 앞장서며 파티를 이끈다. |

| 역할 | 적과의 직접적인 전투에서 중심적인 역할을 하며, 중요한 결정을 내린다. |

▲ 마법사 (Wizard)

| 이름 | 리아 (Ria) |

| 특징 | 강력하고 지혜로운 마법사. 다양한 주문으로 파티를 지원한다. |

| 역할 | 공격과 방어, 그리고 보조 마법을 통해 파티의 지원과 공격을 맡는다. |

▲ 도적 (Rogue)

| 이름 | 카일 (Kyle) |

| 특징 | 민첩하고 영리한 도적. 잠입과 정보 수집, 함정 해체 등을 담당한다. |

| 역할 | 적의 후방을 교란하고, 비밀 통로를 발견하며, 정보를 수집하여 리더의 판단을 돕는다. |

▲ 치유사 (Healer)

| 이름 | 엘라 (Ella) |

| 특징 | 신성한 힘으로 상처를 치유하는 치유사. 파티의 생명력을 유지한다. |

| 역할 | 전투 중 부상당한 파티원을 치유하고, 신성한 보호막으로 파티를 지킨다. |

▷ 공통적인 요소

용사와 그 파티는 몇 가지 공통적인 요소를 가지고 있다.

❶ 용사의 리더십과 결의이다. 용사는 보통 파티의 리더로서 중요한 결정을 내리고, 파티를 이끌며, 강력한 적과 맞서 싸운다. 용사의 용기와 결단력은 파티의 성공에 큰 영향을 미친다.

❷ 파티원들의 다양성과 협력이다. 각 파티원은 고유한 능력과 배경을 가지고 있으며, 이들은 서로를 보완하며 협력한다. 예를 들어, 용사는 전투에서 앞장서고, 마법사는 강력한 주문을 사용하며, 치유사는 상처를 치유하고, 도적은 잠입과 정보 수집을 담당한다.

이어서

◀ 파티를 지휘하는 용사.

❸ 파티의 성장과 발전이다. 용사와 그의 파티는 모험을 통해 성장하고, 새로운 능력을 습득하며, 강력한 적과의 싸움을 통해 더욱 강해진다. 그들의 여정은 개인적인 성장을 넘어, 팀으로서의 발전을 포함한다.

❹ 용사와 그의 파티의 목적이다. 이들은 자신의 이익을 위해 움직이지 않는다. 세계를 위기에서 구하거나, 거대한 악과 맞서 싸우는 것이 이들의 유일한 목적이다.

용사와 그의 파티는 판타지 세계의 이야기 가운데 가장 중심에 있는 이들로, 함께 모험을 떠나고, 다양한 도전을 극복하며, 궁극적으로 큰 목표를 달성하기 위해 협력한다. 각 파티원은 고유한 능력과 특성을 지니고 있으며, 서로의 약점을 보완하고 강점을 강화하는 팀워크를 보여 준다.

모험의 시작

▶The Beginning of an Adventure

판타지 세계 속 어느 작은 마을, 해가 지평선 너머로
사라지고 밤이 찾아왔다. 촛불이 깜빡이는 작은 여관의
방 안에서, 젊은 전사가 창밖을 바라보고 있었다. 그의
이름은 에릭, 고향을 떠나 모험을 하기로 결심한 전사였다.
뒤편으로는 에릭의 동료인 리아, 카일, 엘라가 보였다.
그들은 각자의 장비를 점검하며 내일의 여정을 준비하고
있었다. 긴 여정의 시작이었다. 앞에 어떤 위험이 기다리고
있을지, 어떤 보물을 발견하게 될지 알 수 없었다. 하지만
그들의 눈에는 결의와 기대가 가득했다.

이야기의 서막

모험의 시작은 판타지 이야기에서 중요한 순간으로, 주인공과 그의 동료들이 새로운 여정을 떠나는 출발점이다. 이 순간은 보통 이야기의 서막을 열고, 주요 사건과 갈등이 전개되기 시작하는 단계이다. 모험의 시작은 독자들에게 이야기의 방향을 제시하고, 주인공의 동기를 설명하며, 앞으로 펼쳐질 모험에 대한 기대감을 고조시킨다.

▲ 모험을 떠나기 전,
주인공은 평범한 농부로 살고 있었다.

▼ 첫 모험은 마을 촌장의 요청으로 시작하는 경우가 많다.

▷ 공통적인 요소

모험의 시작은 몇 가지 공통적인 과정을 가지고 있다.

❶ 주인공의 호출이다. 주인공은 보통 평범한 삶을 살다가, 어떤 사건이나 인물에 의해 모험으로 불려 나간다. 이 호출은 주인공의 삶을 뒤바꾸는 중요한 계기가 된다. ☞이어서

▲ 모험가 길드.
때로는 이곳에서 동료를 구한다.

❷ 동료의 모집이다. 방법은 다양하지만, 모험을 시작하려면 동료를 모아야 한다. 이 과정에서, 훗날 더 커질 유대감의 싹이 자라난다. 이렇게 각기 다른 배경과 능력을 가진 이들이, 주인공의 곁에 모여 모험을 시작하고, 위기를 극복하며, 성장해 나간다.

❸ 여정을 떠나는 준비 과정이다. 주인공과 그의 동료들은 필요한 장비와 정보를 준비하며, 여정을 계획한다. 이 과정에서 그들은 서로의 역할을 분담하고, 앞으로 닥칠 도전에 대비한다.

▲ 여정의 준비.
주인공과 동료들이 작은 오두막에 모여 다가올 여정에 대비하고 있다.

▽ 첫 모험이 시작되었다.
이들의 미래는 아무도 모른다.

83

던전과 성
▶Dungeons and Castles

깊은 숲을 지나자 고대의 성채가 모습을
드러냈다. 성벽은 세월의 흔적을 간직하고
있었지만, 여전히 위엄을 뽐내고 있었다.
성안으로 들어서자 어둠 속에서 반짝이는
눈이 나타났다. 이곳부터는 끔찍한 괴물과
함정이 기다리고 있는 던전이었다. 하지만
그 너머 끝에는 신비한 보물이 있을지도
몰랐다. 에릭과 동료들은 두려움을
뒤로하고, 어둠 속으로 발을 내디뎠다.

▷ 모험의 무대

던전과 성은 판타지 세계에서 빼놓을 수 없는 요소들로, 모험과 전투, 보물찾기를 위한 무대가 된다. 주로 고대의 유적, 마법적인 장소, 또는 사악한 세력의 근거지나 권력과 권위의 상징으로 등장하며, 곳곳에 이야기와 모험이 숨겨져 있다.

▲ 바닥이 꺼지는 던전의 함정.

▼ 마법사의 던전(Wizard's Dungeon). 갈림길을 잘못 선택한다면 무시무시한 결과를 맞이할지도 모른다.

설명	한때 강력한 마법사가 사용하던 던전으로, 마법의 유물이 숨겨져 있다.
특징	복잡한 미로, 마법의 함정, 고대의 룬이 새겨진 문 등이 존재한다.
목적	마법의 유물을 찾기 위해 탐험하며, 강력한 마법 생명체와 싸운다.

▷ 던전과 성의 공통적인 요소

던전과 성은 몇 가지 공통적인 요소를 가지고 있다.

❶ 신비로움과 위험성이다. 던전과 성은 종종 미지의 비밀과 보물을 숨기고 있으며, 이를 찾기 위해서는 다양한 위험과 도전을 극복해야 한다. 이러한 요소는 이야기에 긴장감을 더하고, 독자들에게 흥미를 제공한다.

❷ 던전과 성의 구조와 디자인이다. 던전은 보통 복잡한 미로와 함정, 괴물이 가득한 어두운 통로로 이루어져 있으며,

성은 견고한 성벽과 탑, 궁전 등으로 구성된다. 이러한 구조는 이야기에 특색을 주고, 이를 헤쳐나가는 다양한 전술과 전략을 떠올리게 만들어 준다.

❸ 던전과 성의 역사와 전설이다. 던전과 성은 종종 고대의 사건이나 전설과 관련이 있어서, 용사가 겪는 모험과 시련에 설득력을 더해 준다. 여기서 나온 이야기가 그 뒤의 모험과 연관이 되기도 하는데, 이런 것들이 모여 이야기 전체에 짜임새를 더해 준다.

☞이어서

▲ 사방에서 독 안개가 뿜어 나오는 함정.

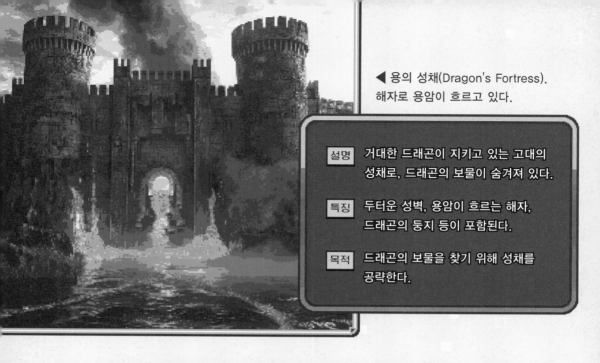

◀ 용의 성채(Dragon's Fortress). 해자로 용암이 흐르고 있다.

설명	거대한 드래곤이 지키고 있는 고대의 성채로, 드래곤의 보물이 숨겨져 있다.
특징	두터운 성벽, 용암이 흐르는 해자, 드래곤의 둥지 등이 포함된다.
목적	드래곤의 보물을 찾기 위해 성채를 공략한다.

던전과 성이 항상 동시에 등장하는 것은 아니다. 때로는 성만이 모험의 장소로 등장하며, 이때 성의 지하는 중요한 인물이 갇힌 곳이거나, 주인공 일행이 감금을 당하는 곳이다. 혹은 성의 맨 위층을 목적지로 삼아, 마치 던전처럼 한 층 한 층 돌파해 나가는 모험이 이루어지기도 한다.

▼ 암흑 군주의 성(Dark Lord's Castle). 이곳에서는 종종 치열한 전투가 벌어진다.

설명	암흑 군주가 지배하는 성으로, 그의 군대와 사악한 비밀이 숨겨져 있다.
특징	견고한 탑, 깊은 지하실, 강력한 경비병과 괴물들이 존재한다.
목적	암흑 군주의 계획을 저지하기 위해 성으로 잠입한다.

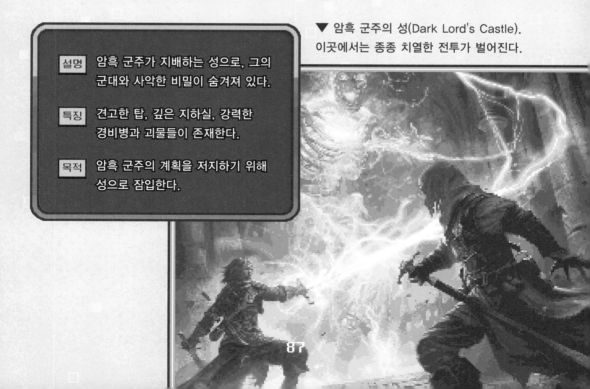

마을과 숲

▶Villages and Forests

햇살이 따뜻하게 내려앉는 작은 마을,
돌길을 따라 어린이들이 뛰어놀고 있었다.
마을의 중심에는 오래된 우물이 있었고,
그 주변으로 상점과 여관, 대장간이
보였다. 마을 뒤편에는 울창한 숲이 펼쳐져
있었고, 그 속에서는 신비로운 생명체들이
살아가고 있었다. 평화로운 일상을
살아가는 마을과, 미지의 비밀을 간직한
숲이 공존하고 있었다.

▷ 모험과 일상

마을과 숲은 판타지 세계에서 중요한 역할을 하는 요소들로, 각각 독특한 분위기와 이야기를 제공한다. 마을은 보통 이야기의 출발점이 되는 곳으로, 주인공과 주민들이 일상을 살아가는 배경이다. 숲은 신비롭고 위험한 장소로, 모험과 탐험의 무대가 된다.

▼ 숲의 입구. 신비로운 기운이 가득하다.

마을은 보통 작은 공동체로, 주민들이 서로 돕고 살아가는 평화로운 장소이다. 마을 주민들은 서로를 잘 알고 있으며, 종종 주인공에게 중요한 정보를 제공하거나 도움을 준다. 대장간이나 잡화상, 여관 등의 시설이 들어서 있어, 모험의 편의를 제공하기도 한다.

89

▲ 숲에서 하는 약초 채집.

숲은 신비롭고, 위험하다. 숲은 종종 미지의 생명체와 마법적인 현상으로 가득 차 있으며, 이를 탐험하려는 모험가들에게 다양한 도전과 기회를 제공한다. 숲은 이야기의 긴장감을 높이고, 모험의 무대로서 중요한 역할을 한다.

◀ 약초 다발.

▲ 마을의 대장간.

▲ 마을의 약초 상점.

▼ 모험가 길드.
큰 마을에는 모험가들의 길드가 있어 모험가들이 이곳에서 의뢰를 찾는다.
작은 마을일 경우에는 촌장이 길드를 대신하기도 한다.

▷ 다양한 상호작용

마을과 숲은 종종 서로 밀접한 관계를 맺고 있으며, 숲에서 일어나는 사건이 마을에 영향을 미치거나, 마을 주민들이 숲에서 자원을 채집하는 등 다양한 상호작용이 일어난다. ☞이어서

▼ 숲에서는 종종 신기한 생명체를 만난다.

마을 주민들이 숲에서 벌어진 사건을 모험가에게 해결해 달라며 의뢰하기도 하고, 마을에서 일어난 사건을 해결하기 위해 모험가들이 숲을 찾아가기도 한다.

대지의 정령 노움. ▶
깊은 숲속 나무의 그루터기 밑
땅속에 무리를 이뤄 산다.

92

▷ 이야기 속 역할

마을과 숲은 판타지 이야기에서 중요한 역할을 한다. 마을은 주인공과 주민들이 일상을 살아가는 배경으로, 이야기의 출발점이 된다. 숲은 신비롭고 위험한 장소로, 모험과 탐험의 무대가 된다. 마을과 숲의 상호작용은 이야기의 전개와 갈등을 풍부하게 만들고, 등장인물들의 행동과 동기를 이해하는 데 중요한 단서를 제공한다.

▼ 시작의 마을을 나서는 모험가들.

▷ 시작의 마을

시작의 마을 (Starting Village).
시작의 마을은 판타지 이야기의 시작을 알리는 장소다. 주인공은 이곳에서 처음으로 모험에 이끌리고, 최초의 파티도 이곳에서 모으게 된다. 매우 안전하고 평화로운 곳으로, 어릴 때부터 주인공이 자랐던 곳인 경우도 많다.

4-1. 인간과 그 변종

4-2. 드워프와 거인

4-3. 오크와 고블린

4-4. 신비한 종족

인간과 그 변종

▶Humans and Their Variants

깊은 숲속, 한 무리의 사람들이 불을
피우고 있었다. 이들 중 일부는 평범한
인간처럼 보였지만, 다른 이들은 귀가
뾰족하고 눈빛이 날카로웠다. 또
다른 이들은 키가 매우 크거나 피부가
신비롭게 빛나고 있었다. 이들은 모두
같은 목적을 위해 모인 다양한 인간과
그 변종들이었다.

▷ 인간

인간은 판타지 세계에서 가장 흔히 등장하는 종족이다. 인간은 다양한 문화와 사회 구조를 가지고 있으며, 강한 의지와 높은 적응력을 지니고 있다. 인간은 창의적이면서 지적인 존재로, 기술과 마법을 활용해 세상을 탐험하고 지배하려 한다. 이 점이 마법 능력이나 힘에서는 다른 종족에 뒤떨어진 인간을 판타지 세계의 어엿한 일원으로 만들었다. 두드러진 장점은 없지만, 어떤 일을 하든 어울리는 것이 인간의 주요한 특징이다.

▲ 다양한 인간의 모습. 인간의 능력과 성격은 매우 다양하며, 이야기에 깊이와 현실감을 더해 준다.

인간의 변종은 인간과 비슷하지만, 고유한 특성과 능력을 지닌 종족들이다. 이들은 종종 인간과 다른 종족의 혼혈이거나, 인간이 마법적인 변이로 인해 특별한 외모와 능력을 가지게 된 존재들이다.

◀ 고대 인간의 마법 연구 자료.

▲ 활을 당기는 하프엘프.

▷하프엘프

하프엘프는 인간과 엘프의 혼혈로, 두 종족의 장점을 결합한 존재들이다. 이들은 엘프의 아름다움과 지혜, 인간의 강한 의지와 적응력을 지니고 있다. 하프엘프는 대개 뾰족한 귀와 날카로운 눈빛을 가지고 있으며, 엘프의 사회든 인간의 사회든 가리지 않고 살아갈 수 있다. 이들은 종종 양쪽 사회에서 소외되는 경향이 있지만, 그런 면 역시 모험에서 중요한 요소가 되는 경우가 많다.

◀ 대장장이 하프드워프. 하프드워프는 겉보기에 인간과 큰 차이가 없다.

▷ 하프오크와 하프드워프

하프오크는 인간과 오크의 혼혈로, 강인한 신체와 전투 능력을 지닌다. 어중간한 외모 때문에 오크와 인간 사회 모두에서 외면 받는 경우가 많다. 하지만 이들은 강력한 체력과 힘을 바탕으로, 종종 전사나 용병으로 활동한다.

하프드워프는 인간과 드워프의 혼혈로, 겉보기에는 인간과 그리 차이가 없다. 드워프답게 채광, 대장장이, 전투에 능하지만, 인간답게 사회에 잘 녹아든다. 드워프의 강인함과 인간의 유연성을 결합하여 다양한 역할을 수행할 수 있다.

◀ 하프오크 전사.

▷ 늑대인간

늑대인간은 인간에서 늑대로 변신할 수 있는 능력을 지닌 변종이다. 이들은 보름달이 뜰 때마다 전투력이 강해지며, 늑대로 변하지 않더라도 뛰어난 힘과 민첩성을 발휘한다. 늑대인간은 야수적인 본능과 인간적인 자아 사이에서 끊임없이 갈등하며, 종종 모습을 숨긴 채 이중적인 삶을 살아간다. 추적자나 경비원 등으로 활약하며, 우월한 신체적 능력을 활용해 위험에 맞선다.

▲ 민첩함을 특기로 삼는 늑대인간 격투가.

▼ 구름 사이로 모습으로 드러낸 보름달. 보름달이 뜨면 늑대인간이 늑대로 변신할 수 있다.

▷ 하프뱀파이어

하프뱀파이어는 인간과 뱀파이어의 혼혈로, 두 종족의 특성을 결합한 존재들이다. 이들은 뱀파이어의 몇몇 능력, 예를 들어 강력한 힘과 빠른 치유력을 지니고 있지만, 뱀파이어의 약점은 덜 가지고 있다. 그러나 모든 약점을 극복한 것은 아니라서 종종 어둠 속에서 살아간다.

▲ 은밀한 공격이 특기인 하프뱀파이어는 인간과 뱀파이어 사회 모두에서 소외되기 쉽다. 그러나 이들의 독특한 능력은 종종 중요한 임무를 수행하는 데 큰 도움이 된다.

드워프와 거인

▶Dwarves and Giants

깊은 산속, 돌과 철의 향기가 가득한 광산
입구에서 드워프들이 힘차게 일하고 있었다.
그들의 손에는 강철 망치와 곡괭이가 들려
있었고, 묵직한 금속 소리가 울려 퍼졌다.
저 멀리, 산을 내려다보는 거대한 그림자가
보였다. 그것은 거인이었다. 그들은
구름 속에서 걸어 나와 세상을 굽어보고
있었다. 드워프와 거인은 판타지 세계에서
두드러지게 대조적인 존재들이었다.

▷ 뛰어난 손재주를 가진 장인

드워프는 판타지 세계에서 가장 잘 알려진 종족 중 하나다. 주로 산속이나 지하에 거주하며, 뛰어난 대장장이와 광부로 명성을 얻고 있다. 드워프는 인간보다 키가 작고 통통하다. 강한 근육과 단단한 뼈를 가지고 있다. 보통 수염이 길고, 튼튼한 갑옷을 입는데, 무기로는 거대한 도끼를 선호한다. 가장 중요한 특징으로, 그들의 손재주는 전설적일 만큼 뛰어나다. 이어서

드워프의 강점 중 하나는 강한 의지와 용기다. 그들은 매우 충성스럽고, 동료애를 중요시하며, 한번 맺은 약속은 반드시 지키려 한다. 드워프는 종종 자신들만의 비밀스러운 언어와 전통을 가지고 있으며, 그들의 문화는 깊이 뿌리내린 장인 정신과 밀접하게 연결되어 있다.

◀ 드워프는 뛰어난 광부이자 대장장이다.

▷ 드워프의 능력

　　드워프는 무기와 갑옷을 제작
하는 데 탁월한 능력을 지니고 있
다. 금속을 다루는 데 있어 타의
추종을 불허한다. 투박한 외모와
달리 세공에도 뛰어나서, 그들의
작품은 예술품과도 같다. 또한,
드워프는 광산을 탐사하고, 보석
과 광물을 채굴하는 데도 남다른
능력을 발휘한다. 그들의 광산은
종종 보물과 신비한 유물, 기발한
발명품으로 가득 차 있다.

▲ 비행 장치를 발명한 드워프.
드워프는 기발한 발명으로
모두를 놀라게 하기도 한다.

▼ 드워프의 광산에 보관된 보물.

▼ 드워프의 작업실.
이곳에서 세상을 놀라게 하는 많은 발명품들이 탄생한다.

▲ 구름 사이로 고개를 내민 거인.

▷ 가장 거대한 인간형 생명체

거인은 판타지 세계의 대형 생명체 중 하나다. 아마 인간형 생물체 중에서는 가장 거대할 것이다. 이들은 보통 산이나 구름 속에 거주하며, 인간이나 드워프보다 훨씬 큰 키와 강한 힘을 자랑한다. 이들의 발걸음 하나하나는 땅을 흔들리게 할 정도로 위협적이다.

거인의 특징 중 하나는 큰 체구와 압도적인 힘을 바탕으로 한 공격력이다. 사용하는 무기도 거대해서, 당하는 입장에서는 하늘에서 벼락이 떨어지는 것처럼 느껴진다. 체구에 맞게 내구성도 강해서, 어지간한 공격은 그들에게 별다른 영향조차 주지 못한다.

▷ 자연의 일부

　대부분의 인간에게 거인들의 공격은 마치 자연재해와도 같게 느껴진다. 실제로 거인은 자연과 깊은 연관이 있으며, 때로 산이나 큰 나무들과 같은 자연의 일부로 여겨지기도 한다. 거대한 산이나 바위, 굳게 뿌리를 내린 나무가 사실은 거인이 변한 거라는 전설이 있는 지역이 많다. 실제로 거인의 힘은 많은 경우 자연의 일부로부터 나오며, 대자연의 수호자라는 역할을 자주 맡기도 한다.

▲ 거인과 싸우는 인간 병사들. 거인은 많은 이야기에서 시험과 도전의 상징으로 등장하며, 영웅들이 맞서 싸워야 하는 강력한 적으로 그려지기도 한다.

산 꼭대기에 남아 있는 거인의 얼굴. ▶

▷이야기 속에서

드와프와 거인은 판타지 이야기에서 맡는 역할이 다르다. 드워프는 주로 제작과 탐사, 방어의 역할을 맡으며, 기술과 지혜로 영웅들에게 도움을 준다. 그들은 강력한 무기와 갑옷을 제작해 주거나, 신비한 유물을 발견하도록 돕는다. 드워프의 도시나 광산은 종종 영웅들이 모험을 떠나는 중요한 장소로 등장한다.

거인은 강력한 적이나 보호자로 등장한다. 그들은 영웅들에게 큰 도전과 시련을 안겨 주며, 그들의 용기와 능력을 시험한다. 어떤 이야기에서는 거인이 영웅들과 동맹을 맺어 강력한 동료가 되기도 하며, 다른 이야기에서는 영웅들이 거인을 물리치고 그들의 보물을 차지하기도 한다.

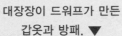

대장장이 드워프가 만든
갑옷과 방패. ▼

▼ 거인은 다양한 성격과 역할을 가지고 있다. 어떤 거인은 사악하고 파괴적이어서 마을을 공격하고 인간들을 괴롭히기도 하지만, 다른 거인들은 온화하고 지혜로워 자연을 지키고 인간들에게 도움을 주기도 한다.

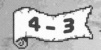

오크와 고블린

▶Orcs and Goblins

어두운 숲속, 가느다란 달빛이 비치는
빈터에는 오크와 고블린들이 모여 있었다.
오크는 크고 강인한 체구를 자랑하며,
무거운 철제 갑옷을 입고 날카로운 검을
휘둘렀다. 고블린은 그 옆에서 작은
몸집으로 민첩하게 움직이며, 교활한
눈빛으로 주변을 살폈다. 그들은 종종
함께 모험을 떠나거나, 인간들의 마을을
습격하기 위해 모여서 계획을 세우곤 했다.

▷ 사나운 전사들

오크는 판타지 세계에서 흔히 등장하는 종족으로, 강력하고 사나운 전사들로 묘사된다. 이들은 주로 녹색이나 갈색 피부를 가지고 있으며, 근육질의 강인한 체격을 자랑한다. 코와 얼굴의 모양, 튀어나온 어금니 때문에 "멧돼지를 닮았다"는 소리를 듣기도 한다. 이어서

▲ 오크의 함성, 워크라이.
이들의 함성은 적들을 공포에 떨게 하고, 같은 편의 사기를 끌어올린다.

▲ 오크 부족 마을.
오크는 강한 지도자와 함께 움직인다. 이들은 보통 거친 환경에서 살아가며, 부족의 생존을 위해 끊임없이 싸운다.

오크의 특징 중 하나는 전투 본능과 용맹함이다. 이들은 전투에서 뛰어난 능력을 발휘하며, 무기를 다루는 실력도 탁월하다. 그러나 우월한 육체 능력에 비해, 머리를 쓰는 일은 그리 잘하지 못한다.

오크는 자주 영웅들의 적으로 등장하며, 강력한 전투력과 공격성을 통해 큰 도전과 시련을 안겨 준다. 그러나 때로는 자신들만의 강한 결속력과 충성심을 보여 주기도 한다.

▷ 교활한 종족

고블린은 오크와 비슷하게 생겼지만, 몸집이 훨씬 작고 마른 종족이다. 보통 초록색이나 갈색 피부를 가지고 있으며, 날카로운 이빨과 발톱을 지니고 있다. 인간 어른의 절반도 되지 않는 키 덕분에 민첩하지만 힘은 그리 세지 않다. 이들은 주로 어두운 숲이나 동굴 속에 거주하며, 교활한 성격 탓에 사람들의 골칫거리로 자리 잡고 있다.  ☞이어서

▲ 고블린들은 동굴 안에서 사는 경우가 많지만 인간 사회에 섞여 들 때는 주로 도둑이나 암살자로 활동한다. 민첩하고 교활하여 기습과 함정을 잘 이용한다. 힘보다는 도구를 자주 쓰며, 주로 집단으로 움직이는 경향이 있다.

▲ 고블린이 쓰는 창.
고블린의 기술 수준은 그렇게 높지 않다.

▲ 고블린의 도끼.

112

그러나 대부분의 고블린은 동굴 안에서 느슨한 부족 사회를 이루며 살아간다. 그래도 오크 부족만큼의 위계는 없어서, 이들의 부족은 매사가 혼란스럽고 시끌벅적하다. 주로 약탈과 습격을 통해 생존하며, 그 탓에 종종 인간의 마을을 공격한다.

▲ 고블린의 칼.

▲ 고블린에게 습격 받는 검사.

▷ 협력 관계

고블린은 지능적이고 창의적인 면모를 보이기도 한다. 기계와 도구를 만들거나, 마법적인 아이템을 사용하는 경우도 있다.

힘이 부족하다 느낄 땐, 오크와 협력을 하기도 한다. 오크는 주로 강력한 전투력으로, 고블린은 오크의 뒤에서 펼치는 교활한 함정과 기습으로 모험가들을 괴롭힌다. 갓 모험을 시작한 모험가들에게, 오크와 고블린의 공조는 극복하지 못할 만큼 어렵다.

신비한 종족
▶Mystical Races

안개가 자욱한 깊은 숲속, 바람에
나뭇잎이 살랑거리는 소리와 함께 나타난
것은 인간의 눈에는 잘 띄지 않는 신비한
존재들이었다. 그들의 피부는 어두운
비늘에 덮여 있기도 했고, 나뭇잎에 싸여
있기도 했다. 그들은 인간과는 다른
삶을 사는 신비한 종족들이었다. 그들의
존재는 마법과 전설로 가득 찬 판타지
세계를 더욱 신비롭게 만들었다.

▲ 악기를 연주하는 엘프.

　엘프는 판타지 세계에서 가장 잘 알려진 신비
한 종족 중 하나로, 대개 인간보다 더 우아하고
아름답게 묘사된다. 이들은 긴 수명과 뛰어난 지
혜를 지니고 있으며, 자연과 조화를 이루며 살아
간다. 보통 뾰족한 귀와 날씬한 체격을 가지고 있
으며, 눈에는 깊은 지혜와 신비로움이 담겨 있다.

▲ 엘프의 악기.

👉이어서

▷ 엘프의 특성

　엘프는 주로 숲속 깊은 곳에 거주하며, 자연을 지키고 보호하는 역할을 한다. 이들은 뛰어난 활 솜씨와 마법적인 능력을 지니고 있으며, 전투에서 강력한 전사로 활약한다. 엘프는 또한 음악과 예술을 사랑하며, 이들의 문화는 고상하고 우아하다. 인간과 동맹을 맺고 함께 싸우기도 하지만, 때로는 인간의 무분별한 행동을 경계하기도 한다.

▲ 엘프는 숲의 수호자다.

▷ 드라이어드

드라이어드는 나무의 정령으로, 특정한 나무와 깊은 연결을 맺고 있는 신비한 종족이다. 보통 아름다운 여성의 모습으로 나타나는데, 종종 나무의 특성을 더욱 드러낼 때가 있다. 이때 이들의 피부는 나무껍질처럼 거칠고, 눈은 잎사귀처럼 초록빛을 띤다. 드라이어드는 자신이 연결된 나무와 생명력을 공유한다. 만약 나무가 시들면, 그들의 모습도 시들어 버린다.

이어서

드라이어드는 숲을 보호하는 역할을 하며, 숲속 생명체들과 소통할 수 있는 능력을 지니고 있다. 이들은 숲속을 침범하는 자들에게 경고를 주거나, 마법으로 숲을 가꾸고 치유한다. 드라이어드는 숲의 수호자로서, 자연과 인간의 균형을 유지하는 데 중요한 역할을 한다.

◀ 드라이어드는 나무에 깃들어 있다.

▲ 인어는 때로 인간들과 우정을 나누기도 하며,
이로 인해 많은 전설과 신화가 탄생했다.

▷ 머메이드

머메이드, 즉 인어는 바다에서 살아가는 신비한 종족으로, 인간의 상반신과 물고기의 하반신을 가진 존재들이다. 이들은 아름다운 목소리로 노래를 부르며, 종종 선원들을 유혹해 바다로 이끌곤 한다.

인어는 물을 다루는 마법적 능력을 지니고 있으며, 바다 생물들과 소통할 수 있다. 이들은 바다를 지키고 보호하는 역할을 하며, 인간들에게 바다의 중요성과 아름다움을 일깨워 준다.

▽ 바다 깊은 곳에 있는 인어의 왕국은 신비로운 산호초와 진주로 가득 차 있다.

118

▷ 드래곤킨

드래곤킨, 즉 용인은 드래곤의 혈통을 이어받은 신비한 종족으로, 인간과 드래곤의 특성을 결합한 존재들이다. 하프 드래곤, 드라고뉴트, 드래고니안 등의 이름으로 불리기도 한다. 인간의 모습과 흡사하지만, 날카로운 비늘과 작은 날개, 드래곤의 눈동자를 지니고 있다. 혹은 인간의 모습을 기본으로, 신체의 일부에만 용의 특징을 드러내는 경우도 있다. 용인은 강력한 마법과 드래곤의 힘을 사용하며, 이들의 존재는 매우 드물고 신비롭다. ☞이어서

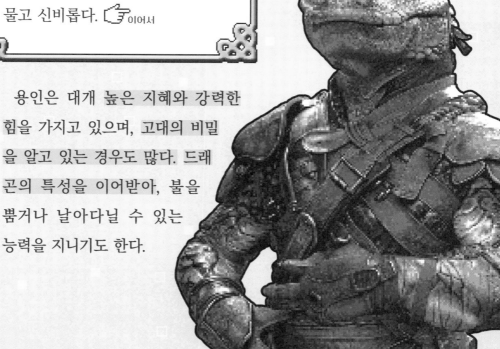

▲ 용인은 종종 드래곤의 후예로서 존경받으며, 타고난 능력을 사용해 세상을 지키거나 악과 싸운다.

▼ 드래곤킨 중에는 보다 인간과 흡사하게 생긴 것도 있다.

용인은 대개 높은 지혜와 강력한 힘을 가지고 있으며, 고대의 비밀을 알고 있는 경우도 많다. 드래곤의 특성을 이어받아, 불을 뿜거나 날아다닐 수 있는 능력을 지니기도 한다.

◀ 나가에게는 네 개 혹은 여섯 개의 팔이 달렸다.

▷나가

나가는 인간의 상반신에 뱀의 하반신이 달린 신비한 종족이다. 이들은 주로 정글이나 사막의 신비로운 장소에 거주하며, 강력한 마법과 전투 기술을 지니고 있다. 나가는 보통 긴 수명과 높은 지혜를 가지고 있으며, 고대의 비밀과 신비로운 지식을 보유하고 있다.

나가는 자연과 깊이 연결되어 있으며, 독을 사용하거나 뱀을 조종하는 능력을 지니고 있다. 이들은 종종 인간들에게 경고를 주거나, 중요한 정보를 제공하며, 세상의 균형을 유지하는 역할을 한다. 나가는 신비로운 외모와 능력으로 인해 두려움과 경외의 대상이 되기도 한다.

▲ 나가들이 살고 있는 고대 신전.
나가는 깊은 정글이나 사막 한가운데에
있는 신비로운 장소에 거주하여 나가의
거주지에 접근하기는 굉장히 어렵다.

CHAPTER 5

세계의 비밀

5-1. 창조 신화와 영웅 신화

5-2. 신과 신적 존재

5-3. 마왕과 악마들

5-4. 정령

창조신화와 영웅 신화

▶Creation Myths & Heroic Myths

고요한 밤하늘 아래, 별들이 반짝이는
숲속에서 마을 사람들이 모닥불 주위에 모여
앉았다. 마을의 연로한 이야기꾼이 불빛을
받아 빛나는 눈동자로 청중을 둘러보며
이야기를 시작했다. "옛날 옛적, 세상이
어둠과 혼돈 속에 있을 때, 첫 번째 빛이
태어나고 신들이 이 세상을 창조했소….."

창조 신화와 영웅 신화는 판타지 세계에서 이야기의 기반을 이루는 중요한 요소다. 창조 신화는 세계가 어떻게 생겨났는지를 말해 주며, 영웅 신화는 그렇게 생겨난 세계가 어떻게 위기를 맞고 극복해 냈는지를 이야기해 준다. 두 신화 모두 지금의 세계가 어떻게 이루어졌는지 설명하고 있는 셈이다.

▲ 태초의 빛과 어둠.
어떤 신화에서는 처음에 빛과 어둠만이 존재했다. 이 두 원초적인 힘이 충돌하며 세상이 만들어졌다.

▷창조 신화

창조 신화는 세상과 우주, 그리고 인간의 기원에 대한 이야기로, 모든 문명과 문화에 깊이 뿌리내려 있다. 이 신화들은 보통 신성한 존재나 초자연적인 힘이 세상을 창조하는 과정을 설명하며, 문화마다 고유한 이야기가 존재한다.

창조 신화는 몇 가지 공통적인 요소를 가지고 있다.
❶ 혼돈에서 질서로의 변화를 강조한다. 대부분의 창조 신화는 혼돈이나 무질서 상태에서 시작하여, 신성한 존재가 이를 질서 있는 세상으로 바꾸는 과정을 다룬다. 이 과정은 보통 강력한 신적 존재에 의해 주도되며, 이 존재들이 우주와 자연의 기본 요소를 만들어 낸다. ☞이어서

125

❷ 창조 신화에서는 대개 신성한 존재가 세상을 창조하는 역할을 맡는다. 이들은 자신의 능력과 지혜를 사용해 자연과 생명을 창조하고, 인간에게 문명과 지식을 전수한다. 이 과정에서 신성한 존재는 인간과 자연의 관계를 설정하며, 세상의 구조와 질서를 규정한다.

❸ 창조 신화는 종종 인간의 기원과 역할을 설명한다. 신들은 인간을 창조하여 그들에게 특별한 임무나 역할을 부여하며, 인간은 신들의 뜻에 따라 세상을 살아간다. 이 과정에서 인간의 운명과 도덕적 규범이 설정된다. 즉, 창조 신화는 인간 사회의 근본적인 가치와 믿음을 전달하는 역할을 한다.

▲ 대지의 신과 하늘의 여신. 또 다른 신화에서는 대지의 신과 하늘의 여신이 세상을 창조하는 과정이 그려진다. 그들은 서로의 사랑으로 하늘과 땅을 나누고, 산과 강, 숲과 바다를 만들었다.

영웅 신화는 특별한 능력과 용기를 지닌 인물들의 모험과 시련을 다룬다. 이들은 힘을 모아 악과 맞서며, 세상을 위기에서 구해 낸다. 영웅 신화들은 영웅의 용기, 희생, 지혜를 강조하며, 그들의 업적과 성취를 통해 중요한 교훈을 전달한다.

▷ 영웅 신화

영웅 신화는 몇 가지 공통적인 요소를 가지고 있다.

❶ 영웅의 여정이다. 대부분의 영웅 신화는 영웅이 평범한 삶에서 벗어나 모험을 떠나며, 그 과정에서 다양한 시련과 도전을 극복하는 여정을 다룬다. 이 여정은 영웅의 성장과 자기 발견을 상징하며, 그의 인격과 능력을 시험하는 과정이다.

❷ 영웅의 시련이다. 영웅은 모험 중에 여러 가지 시련과 장애를 만나게 된다. 이러한 시련은 종종 악당, 괴물, 자연의 힘 등 다양한 형태로 나타나며, 영웅은 이를 극복하기 위해 용기와 지혜를 발휘해야 한다. 이 과정에서 영웅은 자신의 한계를 넘어서는 성장을 이룬다.

❸ 영웅의 희생과 승리이다. 영웅은 때로 자신을 희생하여 다른 사람들을 살리거나, 세상을 구하는 역할을 한다. 이러한 희생은 영웅의 고귀한 성품과 강한 도덕적 기준을 보여 준다. 영웅의 승리는 정의와 선의 승리를 상징한다. 영웅의 이야기는 종종 큰 감동과 영감을 주며, 독자들에게 용기와 희망을 준다.

영웅의 여정. ▶
영웅 신화는 영웅이 시련을 거쳐 세상을 구하는 이야기이면서, 평범했던 주인공이 영웅으로 성장하는 이야기이기도 하다. 과연 이들의 앞에는 어떤 시련이 기다리고 있을까?

신과 신적 존재

▶ Gods and Divine Beings

어두운 하늘에 번개가 내리치고, 우레와 함께 거대한
형상이 구름 사이로 모습을 드러냈다. 강력한 힘과
위엄으로 하늘과 땅을 지배하는 존재. 그는 천둥의
신이었다. 그의 눈은 번개처럼 빛났고, 손에는 거대한
망치가 들려 있었다. 그의 아래로는 자연의 균형을
유지하는 신적 존재들이 서 있었다. 숲의 신, 바다의
여신, 그리고 불의 수호신. 이들은 모두 각각의
영역에서 자연의 조화를 유지하고 있었다.

신과 신적 존재들은 판타지 세계에서 가장 강력하고 중요한 존재들 중 하나다. 그들은 세상의 창조와 파괴를 관장하고 자연의 힘을 다스리며 인간과 다른 생명체들의 운명을 결정짓는 역할을 한다. 이들은 평범한 인간보다 훨씬 더 오래 살며, 거의 불사의 존재로 묘사된다. 이들은 자신들의 힘을 이용해 세상을 다스리거나, 인간들에게 다양한 영향을 미친다.

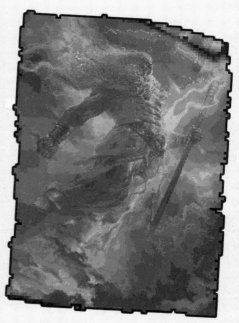

▲ 천둥의 신.
그의 목소리는 우레와 같고, 휘두르는 망치에서는 번개가 뿜어져 나온다.

▲ 전장에 강림한 전쟁의 신.
때로는 신들이 인간에게 직접 간섭하기도 한다.

신들은 보통 특정한 자연 현상이나 개념을 대표하는 존재들로 그려진다. 예를 들어, 천둥의 신은 하늘을 다스리며, 번개와 천둥과 폭풍의 상징으로 여겨진다. 그의 강력한 힘은 전쟁에서 승리의 상징이 되기도 하고, 때로는 자연의 분노를 표현하기도 한다. 그는 자신의 망치로 하늘을 가르고, 세상을 움직이는 힘을 지니고 있다.

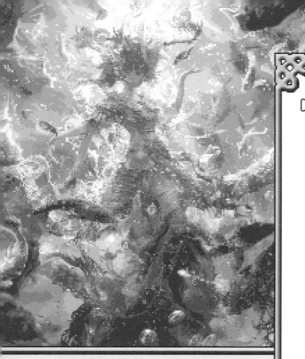

▷ 바다의 여신

바다의 여신은 바다와 물을 다스리는 존재다. 그녀의 아름다운 외모는 바다의 신비로움을 상징하며, 그녀의 눈은 깊은 바다의 비밀을 담고 있다. 바다의 여신은 바다 생명체들의 수호자로서, 선원들에게는 보호와 인도의 상징이 된다.

▲ 바다 생물들에게
둘러싸인 바다의 여신.

▷ 불의 수호신

불의 수호신은 불과 열기를 다스리는 존재로, 불의 파괴적이면서도 재생적인 힘을 상징한다. 그의 모습은 불타는 불꽃이나 용암으로 그려지며, 열정과 창조의 상징이다. 불의 수호신은 때로는 재앙을 가져오기도 하지만, 동시에 새로운 생명과 변화를 불러오는 역할을 한다.

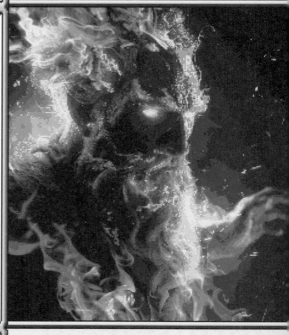

▲ 불의 수호신.

▷ 숲의 신

　숲의 신은 숲과 자연을 다스리는 존재로, 나무와 식물, 동물들의 생명을 지키는 역할을 한다. 그의 모습은 대개 거대한 나무나 숲의 동물로 그려지며, 자연의 지혜와 평화를 상징한다. 숲의 신은 자연의 균형을 유지하고, 숲속 생명체들을 보호하며, 인간들에게 자연의 중요성을 일깨워 준다.

거대한 나무에 깃든 숲의 신. ▷

▷ 신적 존재

신적 존재들은 신과 비슷하지만, 그들의 힘은 신보다는 약한 경우가 많다. 이들은 특정한 지역이나 작은 영역을 다스리며, 종종 신의 하수인이나 도우미로 등장한다. 그들은 신처럼 강력한 힘을 지니고 있지만, 더 인간적이고 접근하기 쉬운 모습으로 묘사된다. 샘물의 신이나 강의 신, 산의 신이나 커다란 나무의 신처럼 이들의 존재는 신보다는 인간과 가까운 곳에 머물고 있다. ☞이어서

▲ 때로 신적 존재들은 피조물의 모습으로 나타나기도 한다.

신과 신적 존재들은 영웅들에게 도전을 주거나, 중요한 정보를 제공하며, 때로는 직접적인 도움을 주기도 한다. 신들은 종종 인간들과의 상호작용을 통해 인간의 본성과 운명에 대해 이야기하며, 그들의 힘과 지혜는 이야기에 깊이를 더한다.

◀ 샘가에 만든 작은 제단.
샘을 다스리는 신에게 감사를 올리는 곳이다.

△ 평온한 바다.
바다의 여신은 바다의 평온함과 폭풍우를 모두 제어할 수 있다.

마왕과 악마들

▶Devil and Demons

깊은 어둠 속, 지옥의 문이 열리며
무시무시한 불길이 솟아올랐다. 그
문을 통과해 나온 존재는 마왕이었다.
그의 눈은 불꽃처럼 타오르고, 주위에는
무서운 기운이 감돌았다. 그의 곁에는
수많은 악마가 그를 따르고 있었다.
이들은 어둠과 공포의 상징이자, 판타지
세계에서 가장 두려운 존재들이었다.

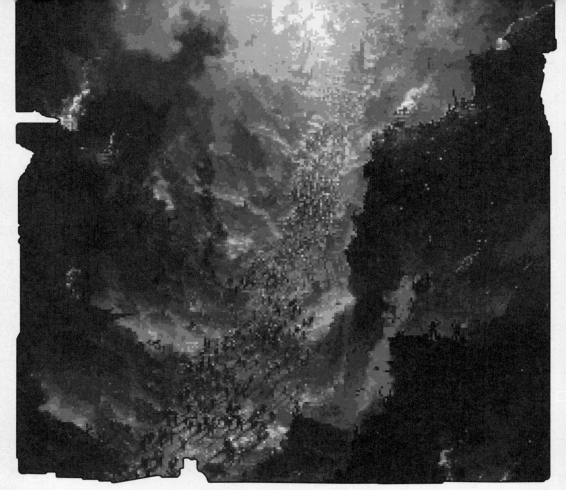

▲ 지옥을 떠나 진군하는 마왕의 군대.

마왕은 판타지 이야기에서 절대적인 악의 화신으로 묘사된다. 그
는 지옥이나 어둠의 세계를 다스리는 강력한 존재로, 자신의 군
대를 이끌고 세상을 정복하려 한다. 마왕은
주로 강력한 마법과 압도적인 힘을 지니
고 있으며, 그를 막기 위해서는 대단
한 용기와 희생이 필요하다.

▼ 용암이 흐르는 대지.

▷ 마왕의 특징

　　마왕은 대개 어둡고 웅장한 성이나 지옥의 심연에 거처를 두고 있다. 평범한 인간과 비슷하게 생긴 경우도 적지 않지만, 대부분은 사악하고 무서운 특징을 가지고 있다. 날카로운 뿔이나 검은 날개, 불타는 눈 등은 마왕의 외모를 더욱 무시무시하게 만드는 특징들이다.

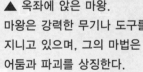

▲ 옥좌에 앉은 마왕.
마왕은 강력한 무기나 도구를 지니고 있으며, 그의 마법은 어둠과 파괴를 상징한다.

악마들은 마왕의 충실한 하수인들로, 마왕의 뜻을 이루기 위해 온갖 일을 다하는 존재들이다. 그들은 사악한 계약을 통해 인간의 영혼을 빼앗거나, 파괴와 공작으로 인간 세상을 혼란에 빠뜨린다. 세상을 어둠으로 물들이려 하는 그들의 존재는 인간들에게 공포와 절망을 불러일으킨다.

▲ 마왕의 군대에 유린당하는 인간의 성.

▼ 다양한 악마들의 모습.

▷ 다양한 악마들

악마들은 다양한 모습과 능력을 가지고 있다. 어떤 악마는 날카로운 이빨과 발톱을 가진 괴물의 형태를 하고 있으며, 다른 악마는 매혹적인 외모로 사람들을 유혹한다. 불을 뿜는 악마, 그림자 속에 숨는 악마, 독을 품은 악마 등 그들의 종류는 매우 다양하다. 그들은 마왕을 위해 싸우거나, 자신의 욕망을 충족시키기 위해 악행을 저지른다.

5 - 4

정령

▷Spirits

고요한 숲속, 나무 사이로 부드러운
바람이 불어왔다. 그곳에는 작은 빛의
구슬들이 반짝이며 공중을 떠다니고
있었다. 이 빛의 구슬들은 단순한 불빛이
아니었다. 그들은 자연의 정령, 대지와
물, 불과 바람의 힘을 가진 신비로운
생명체들이었다. 정령들은 그들의 힘과
지혜로 숲을 지키고, 자연의 균형을
유지하는 역할을 맡고 있었다.

정령은 판타지 세계에서 자연의 힘을 의인화한 신비로운 존재들이다. 대지, 물, 불, 바람 같은 자연의 요소들을 대표하며, 각 요소의 특성을 지니고 있다. 평범한 인간의 눈에는 보이지 않지만, 자연의 모든 곳에 존재하며, 자연의 조화와 균형을 유지하는 역할을 한다.

바람의 정령 실프. ▶

▼ 대지의 정령 노움. 손바닥 안에 들어갈 정도로 작다.

▷ 대지의 정령

대지의 정령은 땅과 돌, 나무를 다스린다. 그들은 주로 숲속 깊은 곳이나 산속에 서식하며, 나무와 식물, 돌과 흙을 통해 자신의 존재를 드러낸다. 대지의 정령은 땅의 힘을 가지고 있어, 지진을 일으키거나 식물을 성장시키는 능력을 지니고 있다. 그들은 대지의 지혜와 강인함을 상징하며, 자연의 수호자로서의 역할을 한다.

▷ 물의 정령

물의 정령은 호수나 강, 바다와 같은 물속에 서식한다. 그들은 물의 흐름을 조종하고, 물속 생명체들과 소통할 수 있는 능력을 지니고 있다. 물의 정령은 주로 물속 깊은 곳에 머물며, 물의 순환과 정화를 책임진다. 그들은 물의 부드러움과 유연함을 상징하며, 치유와 재생의 힘을 가지고 있다.

▲ 호숫가에 있는 물의 정령 운디네. 어쩐지 신비롭고 아름다운 여인의 모습으로 그려지는 일이 많다.

▷ 불의 정령

불의 정령은 불꽃과 열기를 다스린다. 그들은 불의 힘을 이용해 어둠을 밝히고, 열기를 통해 생명을 보호한다. 불의 정령은 불꽃 같은 격렬함과 정열을 상징하며, 주로 화산이나 모닥불, 태양과 같은 곳에 서식한다. 그들은 파괴와 재생의 힘을 동시에 지니고 있으며, 인간들에게는 종종 영감과 용기의 원천이 된다.

▼ 불의 정령 샐러맨더. 샐러맨더의 비늘은 모든 불길을 막아 준다고 한다.

공중에서 춤을 추는
바람의 정령 실프. ▶
이들의 성격은
페어리처럼 장난스럽다.

▷바람의 정령

바람의 정령은 공기와 바람을 다스린다. 그들은 바람을 타고 자유롭게 날아다니며, 공기의 흐름을 조종하는 능력을 지니고 있다. 바람의 정령은 주로 높은 산이나 광활한 평원, 하늘 위에 서식하며, 바람의 자유로움과 변덕스러움을 상징한다. 모든 정령 중 가장 빠르고, 그들이 갈 수 없는 장소는 거의 없다. 종종 예언자나 길잡이로서 역할을 한다.

▼ 실프가 사는 숲.

정령들은 자연의 균형을 유지하고, 인간들에게 자연의 중요성과 아름다움을 일깨워 주는 역할을 한다. 정령들은 영웅들에게 조언을 주거나, 중요한 모험에서 도움을 주기도 한다. 그들은 자연의 힘을 통해 영웅들이 어려운 상황을 극복하게 도와준다.

141

CHAPTER 6

판타지 세계의 무기와 도구

6-1. 마법의 탈것

6-2. 무기와 방어구

6-3. 약초와 포션

마법의 탈것

▶ Magical Mounts

해가 지평선 너머로 사라지며 하늘이
붉게 물들 때, 한 마법사가 높은 언덕
위에 서 있었다. 그의 곁에는 거대한
날개를 가진 말이 서 있었다. 그 말은
단순한 말이 아니었다. 마법의 탈것,
페가수스였다. 마법사가 그의 등에
올라타고 목소리를 내자, 페가수스는
하늘 높이 날아올랐다. 그들은 구름을
가르며 신비로운 여정을 시작했다.

마법의 탈것은 판타지 세계에서 중요한 역할을 하는 요소들로, 특별한 마법적 능력과 특성을 지니고 있다. 이 탈것들은 주로 영웅이나 마법사들이 사용하며, 그들의 모험과 전투를 돕는다. 마법의 탈것은 단순한 이동 수단을 넘어, 이야기의 중요한 요소로 작용한다.

▲ 마법으로 소환한 말.
사악한 마법사들이 주로 사용한다.

▼ 신비한 생명체들.
드래곤, 유니콘, 페가수스 등을 탈것으로 쓸 수 있다. 드래곤은 마법을
사용하며, 유니콘에게는 치유 능력이, 페가수스에게는 정화 능력이 있다.

▷ 공통의 특성

마법의 탈것은 몇 가지 요소를 가지고 있다.

❶ 탈것의 마법적 능력이다. 마법의 탈것은 보통 특정한 마법적 능력을 지니고 있으며, 이를 통해 다양한 효과를 발휘한다. 예를 들어, 어떤 탈것은 하늘을 날거나 물 위를 달릴 수 있으며, 또 다른 탈것은 엄청난 속도로 이동할 수 있다. ☞이어서

◀ 마법의 깃털.
원하는 곳으로 단숨에
이동하게 해 준다.

마법의 부츠. ▶
신으면 하늘을 날 수 있거나,
굉장히 빨리 달릴 수 있다.

❷ 탈것과 주인 간의 유대이다. 마법의 탈것은 주인과 강한 유대감을 형성하며, 그들의 명령에 따라 움직인다. 이 유대는 신뢰와 이해를 바탕으로 하며, 종종 주인과 탈것 사이의 깊은 우정과 협력으로 나타난다. 탈것은 주인을 보호하고, 어려운 상황에서 그들을 돕는다. 탈것에게 자아가 없을 경우에도, 주인은 탈것에 강한 애착을 보이며, 탈것의 능력에 강한 신뢰를 보인다. 이어서

마법의 빗자루. ▶
가끔은 빗자루 혼자
날기도 한다. 속도는
그렇게 빠르지 않다.

❸ 탈것의 희귀성과 가치이다. 마법의 탈것은 매우 희귀하며, 어떤 존재는 전설이나 신화로만 전해진다. 이런 탈것은 보통 특별한 장소에 가거나 의식을 통해서만 발견되거나 소환될 수 있다. 그리고 희귀한 만큼 탈것의 가치는 높아진다. 많은 이들이 마법의 탈것을 얻기 위해 모험을 떠난다.

▼ 마법의 스크롤.
이동할 수 있는 마법이 담겨 있다.

마법의 탈것은 영웅들이 모험을 떠나고, 어려운 상황을 극복하는 데 도움을 주는 중요한 동반자들이다. 마법의 탈것은 이동 수단 이상의 역할을 하며, 전투와 탐험, 구출 등 다양한 상황에서 주인에게 큰 도움을 준다. 또한, 이들은 이야기에 분위기와 신비로움을 더하고, 흥미와 매력을 제공한다.

◀ 화폐.
때로는 마법처럼 문제를 해결하지만,
마법적인 능력은 없다.

△ 마법 빗자루를 타고 무너져 내리는 던전에서 탈출하는 어린 모험가.
마법의 탈것과 주인 사이의 유대가 강하면 이처럼 자유자재로 움직일 수 있다.

무기와 방어구

▶Weapons and Armor

깊은 산속, 고대의 대장간에서 불꽃이
일렁였다. 노련한 대장장이가 뜨거운 철을
두드리며 거대한 칼을 만들고 있었다. 그의
곁에는 빛나는 갑옷과 방패가 줄지어 놓여
있었다. 이곳은 전설적인 무기와 방어구가
탄생하는 장소였다. 이곳의 무기와 방어구는
단순한 도구가 아니었다. 각각 고유한 마법적
특성과 능력을 지니고 있었고, 그 힘은 전설
속에서 전해져 내려왔다.

판타지 세계의 모험 가운데 전투는 가장 큰 비중을 차지한다. 검사는 검을 들고, 궁수는 활을 메고, 도적은 단검이나 채찍을 장비하여 모험에 나선다. 검사는 금속으로 만든 튼튼한 갑옷을 장비하며, 궁수는 가죽으로 만든 가벼운 갑옷을 입는다. 도적은 짧은 갑옷을 선호하는데, 때로는 로브로 몸 전체를 가리는 선택을 하기도 한다. 로브 속에는 여러 상황에 대비한 다양한 도구와 시약을 감추고 있다.

▲ 빛과 함께 하늘에서 내려오는 검을 받는 전사. 용사는 때로 전설의 무기를 하늘로부터 받기도 한다. 하지만 보통은 시련의 끝에 주어진다.

▼ 일반적인 무기와 방어구. 마법의 힘은 없지만 튼튼하다.

151

▷ 강력한 장비

강력한 장비는 그만큼이나 희귀하다. 때로는 단순한 도구를 넘어, 이야기의 중요한 요소로도 작용한다. 예를 들어, 어떤 무기는 불을 뿜거나, 얼음을 생성할 수 있으며, 어떤 방어구는 사용자에게 강력한 보호막을 제공한다. 또 어떤 방어구는 착용한 사람을 불에 강하게 만들거나, 치명적인 상처를 빠르게 회복시키는 능력을 지니고 있다. 방패에는 적의 공격을 흡수하거나 반사할 수 있는 능력이 달리기도 한다.

▲ 나무에 꽂혀 있던 검 그람.
사악한 용 파프니르를 쓰러뜨렸다.

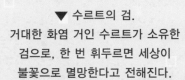

▼ 수르트의 검.
거대한 화염 거인 수르트가 소유한 검으로, 한 번 휘두르면 세상이 불꽃으로 멸망한다고 전해진다.

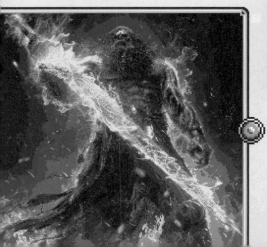

▲ 엑스칼리버.
가장 유명한 전설의 무기다. 베지 못하는 것이 없고, 눈이 부실 듯한 빛을 뿜는다고 한다.

152

도적의 로브. ▼

궁수의 가죽 갑옷. ▲

진은. ▶
가볍고 질긴 진은에는 부정한
것을 물리치는 힘이 있다.

153

▲ 수호의 팔찌. 호박금으로 만들어졌다.

　하지만 어느 모험가이건, 첫 모험의 장비는 그리 대단치 않다. 때로는 갑옷조차 없이, 검 대신 나무 막대기를 깎아 들고 길을 나서기도 한다. 하지만 모험과 전투를 거듭해 가면서 이들의 장비는 점점 대단해진다. 어떨 때는 모험의 목표가 장비 그 자체가 되는 경우도 있다.

▼ 초보 모험가의 검.
시작의 마을 대장간에서 구입했다. 재질은 구리.

▲ 던지면 다시 돌아온다는 창 궁니르.
얇은 창날에는 룬 문자가 새겨져 있다.

▷ 제작자

마법의 무기와 방어구를 만드는 이들은 절대 평범한 이들이 아니다. 숙련된 장인이나 마법사, 때로는 신적인 존재나 신들이 마법이 붙은 장비를 만들어 낼 수 있다. 경우에 따라서는 아다만트나 오리하르콘, 진은, 세계수의 나뭇가지, 용의 힘줄과 비늘 같은 전설적인 재료를 사용하기도 한다.

▲ 태초의 신을 베어 버렸다는 아다만트의 낫.
아다만트는 전설의 금속으로, 강철보다 단단하다고 한다.

▲ 요정의 활.
절대 빗나가지 않는다.

◀ 바람의 방패.
바람의 가호를 부여해 준다.

155

약초와 포션

▶Herbs and Potions

조용한 마을, 작은 오두막에서 희미한 빛이
새어 나오고 있었다. 오두막 안에서는
약제사가 신비한 약초를 손질하고 있었다.
그의 손끝에서 반짝이는 가루가 흩날리며,
기묘한 냄새가 퍼졌다. 그는 조심스럽게
약초를 절구에 넣고, 천천히 빻기 시작했다.
불꽃이 타오르며, 비밀스러운 포션이
완성되어 갔다. 이곳은 약초를 갈아 마법의
포션이 만들어지는 신비로운 공간이었다.

약초와 포션이 없다면, 아마 많은 영웅들은 첫 모험조차 제대로 끝마치지 못하고 말 것이다. 자연의 경이로움과 마법의 힘을 결합한 이 도구들은, 재료에 따라 다양한 효과와 능력을 발휘한다. 상처를 치유하거나 독을 해독하기도 하고, 방어력과 힘을 올리거나 사용자를 변신하게 만들기도 한다.

▷ 마법의 약초

약초는 그 자체로도 효과가 있지만, 마법의 효과를 더하면 더욱 우수한 효과를 발휘한다. 개중에는 특수한 환경에서 자라, 원래부터 마법의 힘을 지니게 된 약초도 있다.

▲ 약초 채집 바구니.

▲ 다양한 종류의 약초.

▲ 약초와 포션을 파는 가게.

▲ 허브.
가장 기본적인 약초.

▲ 맨드레이크.
강력한 포션의 재료로 사용한다.

▷마법의 포션

마법의 포션은 다양한 마법적 재료와 약초를 조합하여 만들어진다. 포션 제작은 매우 정교한 과정으로, 각 재료의 비율과 조합 방식이 중요하다. 잘못된 조합은 실패를 부르거나, 위험한 결과를 초래할 수 있다. 믿을 수 있고 우수한 약제사는 용사의 동료로 선택을 받는 경우도 많다.

마법의 포션은 다양한 효과를 지니고 있으며, 그 효과는 포션의 종류와 조합 방식에 따라 다르다. 마셔서 효과를 내는 포션이 있고, 피부에 발라야 효과를 내는 포션도 있다. 특정한 장소나 특정한 의식에서 사용되는 포션도 존재한다. 포션에 따라 지속되는 시간도 달라서, 포션을 사용하려면 그 역시 제대로 알아두어야 한다.

이어서

▲ 포션을 만드는 마녀. 깊은 숲 공터의 오두막 앞에 큰 솥을 올려놓고 시약을 끓인다.

마법의 약초와 포션은 영웅들의 능력을 강화하고, 치명적인 상처와 병을 치유하며, 적들과의 싸움에서 승리할 수 있는 힘을 제공한다.

▲ 성수.
축복을 내린 물은 포션의 재료로 즐겨 사용된다.

▲ 힐링 포션.
가장 기본적인 포션.
체력을 회복한다.

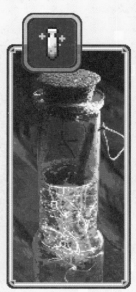
▲ 엘릭서.
죽기 직전인 사람도 원래대로 되돌릴 수 있다.

CHAPTER 7

판타지 세계의 모험

7-1. 판타지 세계 지도

7-2. 지역과 국경

7 - 1

판타지 세계 지도
▶Fantasy World Maps

수백 권의 책과 두루마리가 가득한 고대의
도서관. 젊은 모험가가 먼지 쌓인 지도를
펼쳤다. 지도에는 산맥, 강, 숲, 마을,
그리고 신비로운 장소들이 상세하게 그려져
있었다. 이 지도는 단순한 그림이 아니었다.
그것은 판타지 세계의 비밀과 모험을 담고
있는 보물 지도였다. 그의 손끝이 지도의
한구석을 따라 움직였다. 숨겨진 신전을
찾기 위한 여정이 시작되었다.

▲ 판타지 세계 지도.

▷ 판타지 세계 지도

판타지 세계 지도는 판타지 이야기에서 중요한 역할을 하는 요소들로, 모험과 탐험, 전투를 위한 지형적 정보를 제공하는 중요한 도구이다. 이 지도들은 주로 모험가나 탐험가, 영웅들이 사용하며, 그들의 여정을 안내하고, 위험을 피하며, 목표에 도달할 수 있도록 돕는다. 판타지 세계 지도는 단순한 지리 정보를 넘어, 이야기의 중요한 요소로 작용한다.

◀ 지도를 보며 길을 모색하는 모험가.

▲ 봉인된 지도.
강력한 마법이 걸려 있어 마법이 풀리기
전에는 아무것도 나타나지 않는다.

▷판타지 세계 지도의 특성

판타지 세계 지도는 몇 가지 공통적인 요소를 가지고 있다.

❶ 지도의 상세함과 신비로움이다. 판타지 세계 지도는 보통 매우 상세하게 그려져 있으며, 산맥, 강, 숲, 사막, 바다, 도시, 마을, 던전, 신비로운 장소 등이 포함되어 있다. 이 지도들은 종종 숨겨진 비밀이나 보물을 나타내며, 모험의 단서를 제공한다.

❷ 지도의 마법적 특성이다. 판타지 세계 지도는 종종 마법적 특성을 지니고 있으며, 사용자가 특정 주문을 외우거나, 특별한 도구를 사용해야만 그 비밀을 풀 수 있다. 어떤 지도는 길을 안내하는 빛을 발하거나, 숨겨진 장소를 드러내는 능력을 가지고 있다. 이러한 마법적 특성은 지도를 더욱 신비롭고 매력적으로 만든다. ☞이어서

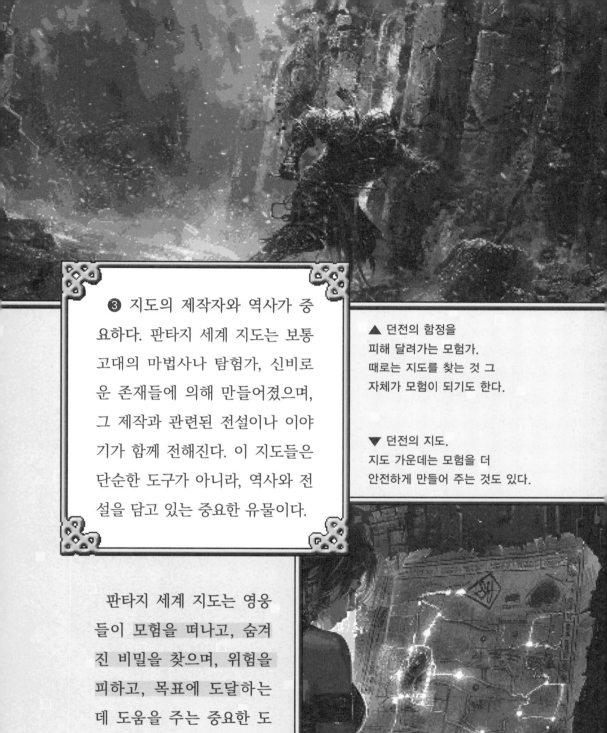

❸ 지도의 제작자와 역사가 중요하다. 판타지 세계 지도는 보통 고대의 마법사나 탐험가, 신비로운 존재들에 의해 만들어졌으며, 그 제작과 관련된 전설이나 이야기가 함께 전해진다. 이 지도들은 단순한 도구가 아니라, 역사와 전설을 담고 있는 중요한 유물이다.

▲ 던전의 함정을
피해 달려가는 모험가.
때로는 지도를 찾는 것 그
자체가 모험이 되기도 한다.

▼ 던전의 지도.
지도 가운데는 모험을 더
안전하게 만들어 주는 것도 있다.

판타지 세계 지도는 영웅들이 모험을 떠나고, 숨겨진 비밀을 찾으며, 위험을 피하고, 목표에 도달하는 데 도움을 주는 중요한 도구들이다.

지역과 국경

▶ Regions and Borders

깊은 산속, 한 여행자가 손에 든 고대의 지도를
펼쳤다. 지도의 표면에는 다양한 지역과 이를
나누는 국경이 그려져 있었다. 북쪽의 눈 덮인
산맥부터 남쪽의 황금빛 사막, 동쪽의 울창한
숲과 서쪽의 광활한 평원까지, 각 지역은 고유의
풍경과 이야기를 품고 있었다. 때로는 자연이
만든 경계가, 때로는 인간이 세운 장벽이, 국경이
되어 이 지역을 나누고 있었다.

▲ 북쪽 얼음 지역에서 관찰되는 골렘의 발자국.

 ▷ **이야기의 배경**

지역과 국경은 판타지 세계에서 중요한 역할을 하는 요소들로, 각 지역의 독특한 특성과 국경의 역할을 통해 이야기의 배경을 형성한다.

단순한 지리적 요소를 넘어 이야기의 중요한 요소로 작용하는 경우도 많다. 지역마다 다양한 문화와 사회가 존재하며, 이에 따른 갈등도 종종 일어난다. 국경은 이러한 지역을 나누는 경계선으로, 지역과 지역이 대립하거나 교류하는 곳이기도 하다.

판타지 세계의 지역은 보통 고유한 지리적 특성과 기후, 문화, 생명체들을 지니고 있다. 예를 들어, 북쪽의 얼음 지역은 춥고 험난하며, 강력한 생명체들이 서식하고 있다. 반면 남쪽의 사막 지역은 뜨겁고 건조하며, 유목민들이 살아간다. 동쪽의 숲에는 자연과 조화를 이루는 종족들이 있으며, 서쪽의 평원에는 마을과 도시를 만들고 왕국을 세운 인간들이 살아가고 있다.

▷ 자연과 인간이 만든 경계

국경은 종종 자연의 경계선으로 나타나거나, 인간에 의해 세워진 장벽으로 그려진다. 어느 것이든 산맥, 강, 숲 등 자연적인 요소에 따라 결정된 경우가 많고, 이러한 경계를 기준으로 각 지역의 특색이 분명하게 달라진다.

▲ 경계를 나타내는 장벽의 일부가 무너져 벽 너머의 풍경이 보인다.
판타지 세계에서는 장벽을 만들 수 있는 능력이 지배자의 조건이 되는 경우도 많다.

북쪽 얼음 지역

북쪽의 얼음 지역은 눈과 얼음으로 덮인 험난한 지역으로, 극한의 추위와 강력한 생명체들이 특징이다. 이 지역은 강력한 얼음의 마법사들이 지배하며, 외부의 침입으로부터 스스로를 보호하기 위해 고립된 생활을 한다. 얼음 지역의 국경은 거대한 산맥과 빙하로 형성되어 있다.

▲ 눈 덮인 산에서 모험가들이 거대한 골렘과 싸우고 있다. 얼음 지역의 국경을 넘기 위해서는 특별한 장비와 마법이 필요하다.

 # 남쪽 사막 지역

▲ 늙은 모험가와 사제가 사막을 걸어가고 있다. 사막 지역에서는 생존을 위해 물과 음식이 필수적이다.

남쪽의 사막 지역은 광활한 모래사막과 뜨거운 태양이 특징인 지역이다. 이 지역은 오아시스를 중심으로 만든 사막 유목민들의 도시들이 있으며, 무역과 여행이 활발하다. 이 지역은 사막의 모양이 그대로 국경이 되는 경우도 많다.

동쪽의 울창한 숲

동쪽의 울창한 숲은 신비로운 생명체들과 마법이 가득한 지역이다. 이 숲은 엘프들과 요정들이 거주하며, 그들만의 독특한 문화와 전통을 지니고 있다. 숲의 국경은 깊고 어두운 나무들로 둘러싸여 있으며, 외부인에게는 매우 위험한 장소이다.

▲ 엘프의 숲에 있다는 신성한 나무 세계수. 고유한 결계로 엘프의 마을을 외부인의 침입으로부터 지켜준다.

 # 서쪽의 광활한 평원

서쪽의 광활한 평원은 농업과 목축업이 발달한 지역이다. 작은 마을들과 도시들이 있으며, 왕국을 이루고 사는 지역도 많다. 평원의 국경은 자연적인 지형보다는 정치적인 경계로 형성되어 있다.

▲ 인간이 사는 도시. 각 도시와 마을은 자치적으로 운영된다.

판타지 세계의 모험은 경계를 넘는 이야기다. 평범한 마을 사람이, 마을의 울타리를 넘고, 도시의 성벽을 넘고, 국경의 벽을 넘은 뒤 세계를 가로막는 거대한 벽까지 쓰러뜨린다.

△ 도시의 성벽에 서 있는 모험가.
그의 앞날에는 어떤 일이 펼쳐질까?

판타지 용어 사전

고대 역사의 기록도 대부분 사라져서, 오직 전설로만 전해지는 먼 과거를 말한다.

고블린 열 살 어린아이 정도의 체력에, 녹색 피부를 한 교활한 괴물이다. 성인 혼자서도 이길 수 있을 만큼 전투력이 약하지만, 무리를 지어 다니고 독침 같은 무기를 자주 사용해서 성가신 상대다.

Goblin

그리핀 사자의 몸통에 독수리의 머리와 날개가 달렸다. 용맹함의 상징으로 기사단 등에서 길들여 사용하는 경우도 많다.

던전 마법사는 자신의 연구 자료를 지키기 위해 동굴 속 깊은 곳에 연구실을 만들기도 한다. 그 뒤 통로에는 함정을 설치하고, 곳곳에 괴물을 풀어놓는다. 원래는 이런 곳들을 던전이라 불렀지만, 흔히 미로로 구성되어 있고 위험 요소가 넘치는 장소를 던전이라 부르기도 한다.

Dungeon

도적 소매치기, 자물쇠 따기, 함정 해제 등을 특기로 하고 단검과 활을 써서 싸운다.

드래곤 브레스 용은 자신의 속성을 숨결에 섞어 뿜어낼 수 있다. 레드 드래곤이라면 불, 블루 드래곤이라면 번개다. 드래곤이 낼 수 있는 최강의 힘으로, 아직 어린 용은 브레스를 사용하지 못한다.

드래곤(용) 판타지 세계 최강의 생명체. 파충류의 몸에 박쥐의 날개가 달렸다. 수천~수만 년의 세월을 살며, 지혜롭지만 탐욕스럽다. 빼앗아 온 황금을 산처럼 쌓아놓고, 생의 대부분은 그 위에 누워 잠을 자며 보낸다.

드워프 땅딸막하고 수염이 덥수룩하며 무기로 거대한 도끼를 쓴다. 뛰어난 대장장이와 광부들로 알려져 있다. 마법은 잘 사용하지 못하지만, 기발한 발명품을 자주 만든다.

Dwarf

룬 문자 마법의 주문을 적을 때 사용하는 글자. 글자 하나가 여러 개의 뜻을 갖고, 문장 자체도 생략하는 부분이 많다. 룬으로 적힌 마법을 해석해 내어 주문으로 읊으면, 그것이 마법이 된다. Runic Alphabet

리치 어떤 마법사는 자신의 생명력을 뽑아내어 비밀스러운 곳에 감춰 두는데, 이러면 그 마법사는 리치가 된다. 일반적인 무기로는 상처를 입지 않고, 가만히 있어도 주변에 저주와 독기를 퍼뜨린다. 리치는 목을 베어도 죽지 않는다. 자신의 생명력이 몸이 아닌 다른 곳에 있기 때문이다. 아주 적은 수의 마법사들만이 불로불사를 바라며 리치가 된다. 하지만 리치가 된 몸은 죽지 않는 대신 뼈다귀가 되어 버린다.

마법 수련생 정식 마법사가 되기 전, 마법을 배우는 학생. 마법의 힘에 익숙해지는 단계에 있기 때문에, 주문은 아직 제대로 배우지 못했다.

마법 자연의 힘을 빌려 원하는 것을 실현하는 일. 물, 불, 바람, 대지 혹은 빛과 어둠의 힘을 빌린다. 불의 힘을 빌려 불화살을 쏘거나, 바람의 힘을 빌려 몸을 민첩하게 만드는 일 등이 모두 마법이다. 사악한 것을 멸하는 빛을 발하거나, 어둠 속에 몸을 숨기는 마법도 있다.

마법사 마법을 사용하는 전문가들. 정식으로 마법 교육을 받고, 마법사들의 길드에 소속되어 활동하는 게 보통이다. 대부분의 마법사들은 모험보다는 연구를 더 좋아한다.

마법서(마법의 책) 마법의 주문이나 진언을 적어놓은 책. 가끔 책 자체가 마법력을 갖고 있거나, 책이 의지를 갖고 마법을 사용하기도 하는데, 이런 책도 통틀어 마법서라 부른다.

마왕 지옥의 존재와 이미 죽은 존재들 같은 부정한 존재들을 다스리는 왕. 세계를 이런 존재들의 세상으로 바꾸기 위해 침략한다. 마왕은 자연의 조화와 균형을 가장 강력하게 위협한다. 그리고 인간의 미덕을 정면에서 부정한다.

맨드레이크 뿌리가 사람의 모양과 비슷하게 생긴 약초. 맨드레이크를 땅에서 뽑아내면, 듣는 이를 죽음에 이르게 하는 무시무시한 비명을 내뱉는다고 한다.

Mandrake

모험가길드 모험가의 신원을 보증하고, 능력에 적합한 의뢰를 내려주는 곳. 파티원을 소개해주기도 한다.

모험가 의뢰를 받아 생계를 유지하는 사람들의 총칭.

몬스터 평범한 동물과는 다르게 생겼으면서, 인간에게 해를 끼치는 생명체.

미덕 판타지 세계의 기본 가치관. 용기, 절제, 지혜, 정의를 기본으로 하지만 세계관에 따라 조금씩 다르다. 어느 세계관이든, 미덕을 행동으로 보여주는 자가 용사 혹은 영웅이다.

미믹 보물 상자의 모습으로 변신하여 모험가들을 유혹하는 몬스터.

봉인 마법이나 신의 힘으로 물체나 존재 등을 움직이지 못하게 봉해 두는 것. 능력만을 봉인하거나, 보이지 않게 모습을 봉인하는 경우도 있다.

불로불사 불로는 늙지 않는 것, 불사는 죽지 않는 것이다. 즉 불로불사란 늙지도 죽지도 않고 영원히 사는 것을 말한다 할 수 있다.

불사조(피닉스) 수천 년의 세월을 살며, 죽은 뒤에는 불꽃 속에서 다시 태어난다는 전설의 새. 드래곤이 생명체의 정점이라면, 불사조는 환상종의 정점이라 할 수 있다.

Pheonix

뷔브르 날개가 달린 뱀. 불길함의 상징으로, 뷔브르가 나타나면 가뭄이나 전염병이 돌게 된다는 전설이 있다.

ㅅ

성수 성직자가 신의 이름으로 축복을 내린 물. 그 자체에도 정화의 힘이 있고, 각종 포션과 시약의 재료가 된다.

속성 세상을 이루는 가장 기본적인 요소. 물, 불, 바람, 대지 그리고 빛과 어둠 등이 있다. 마법의 속성과 대체로 똑같다.

스크롤 마법의 주문을 새겨놓은 두루마리. 보통은 찢는 것으로 마법의 효과가 나타난다.

ㅇ

어린 드래곤 아직은 현명하지도 강력하지도 않다. 드래곤은 긴 수명에 비해 아이를 굉장히 적게 낳는 종족이라서, 속성과 무관하게 어린 드래곤은 드래곤 전체의 보호를 받는다. '해츨링', '웜링' '인펀트 드래곤' 혹은 '드래곤 퍼피'라고도 부른다.

Hatchling

엘릭서 최고의 힐링 포션. 곧 죽을 사람조차 살려 낼 수 있지만 너무 귀중한 탓에 끝까지 안 쓰고 남겨 놓는 경우도 많다.

Elixir

엘프 숲에서 살아가는 우아한 종족. 긴 수명을 지닌 현명한 종족으로 자연과의 조화를 중요시한다. 귀가 뾰족하고 체력이 날씬하며, 활과 단검을 잘 다루고 정령을 사용한 마법에 능숙하다.

연금술 일반적인 마법이 자연의 힘을 빌린다면, 연금술은 재료를 섞어 그 안에 든 자연의 힘을 이끌어 낸다. 포션을 만드는 것도, 넓게 보면 연금술의 일종이라 주장하는 사람도 있다.

오우거 오크와 비슷하지만 덩치가 더 크고 힘도 더 세다. 오크는 여럿이 모여 무리를 이루기도 하고, 인간처럼 금속 무기를 사용하기도 한다. 하지만 오우거는 대부분 간편하게 만든 나무 몽둥이를 더 자주 사용한다.

Ogre

오크 건장한 성인 남성의 체력에 녹색 피부를 한 사나운 전사다. 들창코에 뻐드렁니 때문에 '돼지'라는 별명이 붙기도 한다. 머리는 그리 좋지 않지만, 싸움을 마다하지 않는 용맹한 전사다.

Orc

요정(페어리) 원래는 엘프, 드라이어드 등 인간형을 한 다양한 존재들을 모두 요정이라 불렀다. 하지만 요즘은 나비 날개를 단 작은 인간형 생명체만을 요정이라 부른다.

요정의 가루(페어리 더스트) 요정의 가루를 뒤집어쓴 사람은 잠시나마 요정과 비슷한 존재가 된다. 그 결과 그 이전에 입었던 상처는 사라지고, 요정처럼 하늘을 날 수 있게 된다.

Fairy Dust

요정의 고리(페어리 링, 페어리 서클) 페어리들은 밤에 둥글게 모여 춤을 추고 노래를 부르는 습성이 있다. 이들의

즐거운 파티가 끝난 뒤에는, 땅 위에 둥근 모양으로 버섯이 자라난다.

용사 세계의 미덕을 몸으로 실현하는 자. '용기'를 갖고, '절제'로 유혹을 견뎌내며, '지혜'로 악에 대항하고, 끝내는 물리쳐 '정의'를 실현한다.

용의 부산물로 만든 무기(드래곤 슬레이어) 다이아몬드를 깎을 수 있는 건 다이아몬드뿐이듯, 드래곤의 가죽과 뼈를 가르고 벨 수 있는 것도 이런 무기들뿐이라는 상식이 널리 퍼져 있다. 하지만 이런 무기를 들고 다니는 사람은 드래곤의 분노와 증오도 한 몸에 받아야만 할 것이다. 아주 드물지만 드래곤이 직접 이런 무기를 내주는 경우도 있다.

Dragon Slayer

용의 비늘(드래곤 스케일) 최강의 생명체인 용의 비늘. 초월적인 강도와 내구력을 지니고 있다. 드래곤의 속성에 따라 마법적인 특성이 들어 있는 경우도 있다. 예를 들어 레드 드래곤의 비늘을 사용한 방패는 불꽃에 의한 피해를 상당 부분 막아 준다.

Dragon Scale

용의 피(드래곤 블러드) 용의 피에는 신비한 힘이 깃들어 있다고 한다. 용의 피를 마신 사람은 '마치 용과도 같은' 생명력을 얻을 수 있고, 용의 피로 만든 물약은 불로불사조차 가능하게 한다. 그러나 용의 피 자체가 너무 강한 힘을 담은 탓에, 그것을 마시려는 자는 생명의 위험을 무릅써야만 한다.

유니콘 이마에 긴 뿔이 나 있는 흰 말. 순수함의 상징으로, 유니콘의 뿔에는 해독과 치유의 효능이 있다.

Unicorn

유령(고스트) 세상을 떠도는 영혼을 마법사가 사악한 마법으로 붙들어 놓은 것. 축복을 받은 무기가 아니면 상처를 입지 않고, 정신과 생명력에 직접 타격을 주는 공격을 한다.

일각고래 판타지가 아닌 현실 세계에서도 존재한다. 모습은 신비롭지만, 비교적 흔히 볼 수 있어서 환상종으로는 분류되지 않는다. 일각고래의 뿔을 유니콘의 뿔로 속여서 파는 사람도 많다.

ㅈ

자연(자연의 균형) 다른 무언가의 손길이 닿지 않아 원래 그대로인 상태를 말한다. 예를 들어 여름은 덥고, 불은 뜨겁고, 바람은 자유로이 분다. 그리고 살아 있는 존재는 이승에, 이미 죽은 존재는 저승에 머무른다. 마왕은 자연의 균형을 깨는 자이기에 악이라고 불린다. 마왕이 지배하는 세계에서는 강 대신 용암이 흐르고, 선과 악, 죽음과 삶이 서로 뒤바뀐다.

전사 파티의 맨 앞에 서서 적과 직접 맞서 싸우는 직업. 광전사, 검투사, 창병, 격투가, 기사, 검사 등이 맨 처음에 선택하는 기본 직업이다.

전설 유적이나 유물이 발견되어 어느 정도 사실로 받아들여지는 옛날이야기. 판타지 세계에서는 전설이 사실과 다르게 전해지는 경우도 많다.

정령 자연의 힘이 실체화된 존재. 물의 정령인 운디네, 바람의 정령인 실프, 땅의 정령인 노움, 불의 정령인 샐러맨더 등이 있다.

Spirit

조화와 균형 인간의 미덕과 비슷하게, 자연이 갖고 있는 기본적인 가치관이다.

주문 마법을 사용하기 위해 읊는 말. 자연의 속성에게 부탁하거나 명령하는 말로 이루어져 있다. 주문은 대체로 잊혀져가는 옛 언어나, 마법사만의 신비한 단어로 이루어져 있어서 일반인들은 알아듣기 힘들다.

진언 기적을 구현하기 위해 읊는 긴 문장. 마법의 주문과 달리 부탁이나 명령보다는 기원하는 마음을 담는 일이 많다. 일상적인 언어로 이루어진 경우가 많아, 알아듣는 것 자체는 어렵지 않다. 마법의 주문보다 길고, 종종 노래로 불리기도 한다. 진언이라는 사실을 모르고 계속 구전되는 경우도 많다.

촌장 마을의 대소사를 결정한다. 영웅의 첫 모험은 주로 촌장이 의뢰하는 경우가 많다.

축복 성직자가 신의 이름으로 내리는 주문. 축복을 받은 물건은 사악한 것으로부터 보호받고, 축복을 받은 무기는 부정한 것들에게 강한 위력을 발휘한다. 인간이 축복을 받으면, 상처와 저주가 낫거나, 사기가 솟아오른다.

치유사 치유 마법이나 치료 기술을 전문적으로 사용한다. 보통은 축복을 내릴 수 있는 성직자가 치유사 역할도 맡는 경우가 많다.

카벙클 이마에 붉은 보석을 단 환상종. 모습은 다양하지만, 고양이의 형태를 띨

때가 가장 많다.

켈피 앞부분은 말, 뒷부분은 물고기인 환상종. 등에 태운 사람을 물속으로 끌고 들어가 익사하게 만든다.

클라이맥스 발단, 위기, 절정, 결말 가운데 절정에 해당한다. 도저히 해결할 수 없을 것 같은 시련이 영웅 앞에 나타난다.

키메라 여러 생명체의 신체부위를 조합하여 마법의 힘으로 움직이게 만든 존재.

텔레파시 원래 신적인 존재나 드래곤이 사용하는 능력이었다. 어떤 세계에서는 이것을 초능력으로 정의하기도 한다.

트롤 트롤은 흔히 재생력이 무시무시하게 높은 초록색 괴물로 묘사된다. 하지만 원래 트롤은 힘이 세고 교활하지만, 햇빛을 받으면 돌이 되는 털복숭이의 갈색 괴물이었다. 반면 기억력과 머리는 좋지 않아서, 가벼운 말장난에도 속아 넘어가는 경우도 많다.

Troll

파티 모험을 하기 위해 모험가들이 모인 것. 보통 모험의 목적에 맞게 편성한다. 예를 들어 함정이 많은 곳이라면 도적이, 해골 병사들이 많은 곳을 간다면 성직자를 반드시 집어넣는다. 마음이 맞는 모험가들은, 모험의 내용과 별개로 고정 파티를 구성하는 경우도 많다.

페가수스 날개가 달린 말. 페가수스가 밟고 지나간 자리에는 샘이 솟아오른다는 전설이 있다.

Pegasus

펜리르 원래 북유럽의 신화에 나오는 늑대로, 세계가 종말을 맞는 날에 최고신인 오딘을 집어삼켰다.

포션 약초나 몬스터의 부산물에 마법적인 처리를 해서 만든 약물. 체력을 회복하거나, 저항력을 올려주거나 저주를 해제해주는 등 다양한 종류가 있다. 던지면 폭발하거나, 먹으면 중독을 일으키는 식으로 부정적인 효과를 내는 포션도 있다.

해골 병사(스켈레톤) 이미 죽어 뼈만 남은 생명체를 마법으로 일으켜 세운 것. 기사, 병사, 마법사 등 인간의 병사처럼 뚜렷이 구분할 수 있다. 무기는 병종에 적합한 것을 들고 나온다.

Skeleton

환상종 신비한 능력을 갖고 있으면서 그 수가 매우 적어 사람 눈에 띄지 않는 존재.

힐링 포션 먹으면 체력을 회복하는 물약. 치유 효과가 있는 재료에 촉매가 되는 재료를 더한 뒤 마법으로 강화하여 만든다.

Healing Potion

쥬크리브의 판타지도감

1판 1쇄 2025년 2월 1일

저 자 Team. StoryG
펴 낸 곳 OLD STAIRS
출판 등록 2008년 1월 10일 제313-2010-284호
이 메 일 oldstairs@daum.net

가격은 뒷면 표지 참조
ISBN 979-11-7079-037-2

공통안전기준 표시사항

· **품명** : 도서　　　　· **재질** : 지류
· **제조자명** : Oldstairs　　· **제조국명** : 대한민국
· **제조연월** : 2024년 7월
· **주소** : 서울특별시 마포구 양화로12길 24, 4층
· **KC인증유형** : 공급자적합성확인

KC마크는 이 제품이 공통안전기준에 적합하였음을 의미합니다.
책 모서리에 찍히거나 책장에 베이지 않게 조심하세요.